언제 어디서나
자연미술놀이

자연미술놀이
언제 어디서나

사계절 내내 자연에서 하는 미술놀이 도감

글 그림 사진 오치근, 박나리

보리

자연이 모두 미술 작품이야

그림 한 장을 그려 볼까?

하얀 종이 위에 연필로 밑그림을 그리고,

물감이나 크레파스로 칠해서 완성하는 걸 떠올렸겠지?

그런데 모래 들판, 나무둥치, 길가나 풀숲, 큰 바위, 담장에

그림을 그려 보면 어떨까? 이뿐만 아니야.

시냇물 속에 동글납작 삐죽빼죽한 돌멩이랑, 나무 밑에 쌓인 나뭇잎,

봄에 처음 피어난 들꽃, 여름철 뜨거운 햇볕,

가을 산에서 주운 작은 도토리와 이름 모를 열매,

한겨울에 내리는 하얀 눈, 길에서 주운 나뭇가지,

쌩쌩 부는 바람과 쏟아지는 빗방울…….

이런 게 모두 그리기 재료라는 거 알아?

많은 걸 준비하지 않아도 되고, 이런저런 계획을 하지 않아도 돼.

그냥 밖으로 나가기만 하면 되지.

자연 속에 들어가서 좀 더 자세히 살펴보면,

저마다 가진 **상상력**과 **창의력**이 저절로 쏟아져 나와.

자연물로 만들고 그린 작품들은 흔적을 남기지 않고,

다시 자연으로 돌아가지. 하지만 아쉬워할 거 없어.

우리 마음속에 커다란 꿈을 그려 놓았으니까.

들판을 지나가는 **바람**을, 숲속에서 춤추는 **나무**들을,

흩날리는 **꽃잎**이 만든 빛깔을, **빗방울**이 그린 작품을……,

너희들도 꼭 만나길 바라.

그리고 자연 속에서 뛰어노는 멋진 예술가가 되어 봐.

오치근, 박나리와 별, 솔, 반

차례

자연이 모두 미술 작품이야 4

봄에 하는 자연미술놀이

- **봄맞이**
  - 겨울눈 찾기 12
  - 봄꽃 그리기 14
  - 봄비로 그린 물 그림 16

- **봄꽃·봄나물 요리**
  - 봄나물 18
  - 봄나물, 꽃차 20
  - 꽃전 22

- **봄꽃·봄풀**
  - 꽃물로 그린 그림 24
  - 꽃과 풀로 그린 봄 26
  - 풀로 그린 동물 28
  - 다섯 손가락 인형 30
  - 만다라 32
  - 풀물 손수건 34

여름에 하는 자연미술놀이

여름꽃·여름풀
여름꽃 그림 38
토끼풀꽃 장신구 40
아까시나무 놀이 42
봉숭아꽃물 44

열매
수박 놀이 46
열매즙으로 그린 그림 48
앵두 놀이 50
감물 손수건 52

여름 숲
산골짜기에서 놀기 54
잎사귀로 꾸민 얼굴 56
덩굴줄기 그늘막 58
흙물로 그린 그림 60

이파리
이파리로 그린 그림 62
그림자로 그린 상상화 64
이파리 그림자놀이 66

강
글자 그림 68
모래톱 놀이 70
모래톱 도깨비 72
뗏목배 74
갯벌 관찰 76

가을에 하는 자연미술놀이

겨울에 하는 자연미술놀이

- **가을꽃** 가을꽃으로 그린 동물 80
  가을꽃 장신구 82

- **텃밭** 옥수수 인형 84
  가을배추, 가을무 86

- **억새** 바람나무 88
  억새로 그린 그림 90
  억새 공예품 92
  새알을 품은 둥지 94

- **나뭇잎** 돋보기로 그린 그림 96
  나뭇잎 옷을 입은 종이인형 98
  나뭇잎으로 그린 그림 100
  나뭇잎 장신구 102

- **열매** 열매로 만들기 104
  열매로 그린 내 얼굴 106
  창 가리개 108

사계절 내내 하는 자연미술놀이

| 마을 | 마을생태지도 142
마을 길에 그린 그림 144
나무 문패 146
새집 148
착시 놀이 150

| 눈 | 눈 케이크 112
눈하르방 114

| 숲 | 빙고 놀이 152
나무도깨비 154

| 겨울나무 | 숯으로 그린 그림 116
나무뿌리 놀잇감 118
성탄 장식 120
드림캐처 122
흔들개비 124
한지 등 126

| 흙 | 찰흙 소꿉놀이 156
흙물감 158

| 돌멩이 | 돌에 그린 그림 160
돌로 만들기 162
돌멩이로 그린 그림 164
석등 166

| 새해맞이 | 불글씨 128
새해 소망 130
윷놀이 132
오방색 당의 134

| 봄을 품은 겨울 | 얼음보석 136
겨울 속에 숨은 봄 138

'가나다'로 찾아보기 168
동식물로 찾아보기 169

9

봄에 하는 자연미술놀이

겨울눈 찾기
봄꽃 그리기
봄비로 그린 물 그림
봄나물
봄나물, 꽃차
꽃전
꽃물로 그린 그림
꽃과 풀로 그린 옷
풀로 그린 동물
다섯 손가락 인형 만다라
풀물 손수건

봄 | 봄맞이

겨울눈 찾기

따사로운 봄 햇살에
겨우내 움츠렸던 마음까지 다 녹아.
봄은 어디서 올까?
봄은 어떤 모습일까?

새잎과 꽃, 겨우내 어디 숨어 있었니?

나무는 추운 겨울이면 '겨울눈'을 만들어.
잎과 꽃이 될 어린 싹을 겨우내 딱딱한 비늘잎으로
감싸고 있다가 따뜻한 봄이 오면 싹을 틔우지.
매서운 추위를 굳세게 이겨 내고 피어난 잎과 꽃인 만큼
더 푸르고 향긋해. 겨울눈 안에 움트는
귀한 생명을 찾아보자.

은행나무 잎눈

동백나무 잎눈

매실나무 꽃눈

이게 겨울눈인가?

겨울눈에서 비늘잎을 벗고
꽃봉오리가 나와서 꽃이 펴.

겨울눈을 찾으러 길을 나섰어.

요만한 게 잎과 꽃으로 자란다고?

동백나무 꽃눈에서
꽃망울이 터지더니
꽃봉오리가 되어 가고 있어.

12

겨울눈 속은 어떻게 생겼을까?

꽃눈이 자라면 꽃봉오리가 되고 꽃이 펴.
겨울눈과 꽃봉오리를 반으로 가르면
잎과 꽃이 되어 가는 모습을 볼 수 있어.

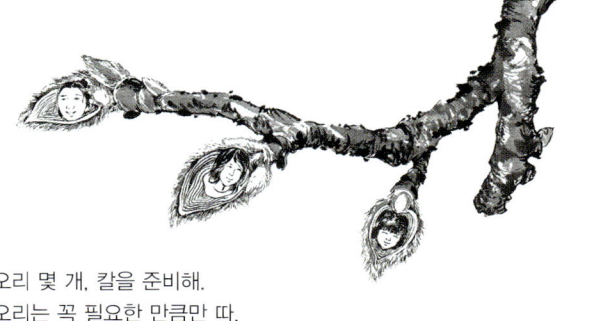

겨울눈과 꽃봉오리 몇 개, 칼을 준비해.
겨울눈과 꽃봉오리는 꼭 필요한 만큼만 따.

매실나무 꽃봉오리

동백나무 꽃봉오리

목련 꽃눈   은행나무 잎눈

겨울눈 안에 진짜로 꽃이 숨어 있었네?

겨울눈을 살펴보고 그림으로 그려 놓으면
겨울눈을 더 잘 기억할 수 있지!

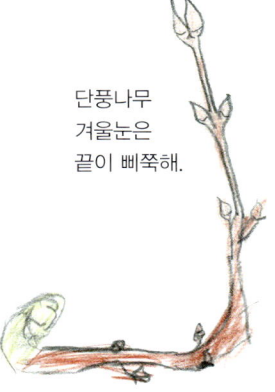
단풍나무 겨울눈은 끝이 뾰족해.

꽃봉오리 안에 동백꽃 꽃잎이 겹겹이 싸여 있어.

칼로 잘라 봐
(향이 진하다)
속은 꽃의 술도 보이는 것 같다.

목련 겨울눈 (꽃)
(잎)

매화 겨울눈

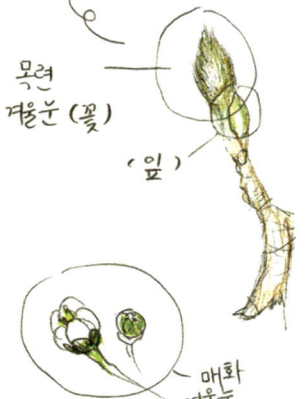

목련 겨울눈은 푸르스름해.

목련 겨울눈은 보송보송한 솜털이 감싸고 있어.

봄 | 봄맞이

봄꽃 그리기

봄은 알록달록 빛깔도 곱고
햇살도 따뜻해서 좋아.
동네 구석구석을 누비며
봄을 알리는 봄꽃을 찾아봐.

봄은 어떤 색깔일까?

봄을 맨 먼저 알리는 봄꽃을 찾아 나서자.
노랑 빨강 연두, 봄은 또 어떤 빛깔일까?

산수유나무가 꽃망울을
살짝 터뜨렸어.

산수유나무는 이른 봄이 되면
나무들 가운데 가장 먼저 꽃을 피워.

동백꽃이야. 빨갛고 탐스럽지?
12월부터 이듬해 4월까지 꽃이 펴.

솔이가 그린
봄 모습이야.

붓으로 동백꽃
밑그림을 그렸어.

물감으로 색칠할 때는
물 양으로 진하기를 조절해 가며 칠해.

봄꽃을 자세히 보고 그려 봐

자세히 그리기를 할 때는 아름답게 꾸미기보다는
돋보기로 보듯이 찬찬히 들여다보고 그리는 것이 좋아.

나뭇가지가 뻗친 모양, 꽃잎 모양과 잎이 난 방향,
뿌리털 들을 꼼꼼하게 살펴보고 밑그림을 그려.
그런 다음 여러 가지 재료로 칠해 봐.
식물 그림을 그릴 때는 언제, 어디서 보았는지,
생김새는 어떤지도 꼭 써 줘.

지우가 그린 매실나무와
산수유나무 꽃봉오리야.

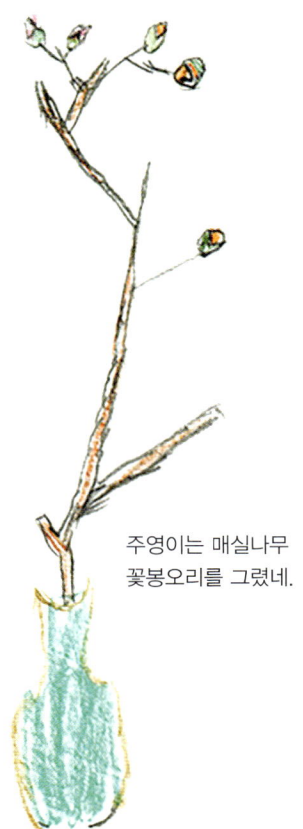

주영이는 매실나무
꽃봉오리를 그렸네.

별이가 그린 그림이야. 꽃봉오리가 참 작고 귀엽지?

봄 | 봄맞이

봄비로 그린 물 그림

톡톡 내리는 봄비를 머금고
봄꽃과 봄풀은 하루가 다르게 생기를 띠어.
하얀 도화지 위에 봄비로 물 그림을 그려 봐.
봄이 그림이 되었네.

톡톡 떨어지는 봄비로 그림을 그려

크레파스와 물감으로 그린 그림에 비를 적셔 물 그림을 그렸어.
빗물이 톡톡 튀면서 여러 색깔이 서로 섞여 무늬가 만들어져.

빗방울   물감   크레파스

아침부터 내린 비에 안개가 자욱해.
잎과 나뭇가지마다 구슬 같은 빗방울이 알알이 맺혔어.

꽃에 보라색 물감을 얹어 볼까?

물감으로 칠한 그림을
비에 맞혀서 물감이 번지게 해.
그림을 위, 아래, 옆으로
살살 흔들면 물감이 더 잘 퍼져.

크레파스로 밑그림을 그리고, 그 위에다
칠하고 싶은 색깔 물감을 짜.

처마에서 떨어지는 빗방울로 그려

비가 그치면 어떡하냐고? 걱정 마.
더 재미난 방법으로 그릴 수 있어.

예담이는 나무 심은 화분을 그렸어.
초록색이 번져서 초록 들판이 되었네.

아진이는 크레파스로 고래를 그리고
물로 여러 색 물감이 섞이게 했어.
여러 색깔이 번져서 꼭 깊은 바닷속 같아.

재후는 크레파스로 집을 그리고,
물감으로 풀, 꽃이 있는 마당과 하늘을 그렸어.

민준이는 물감을 쭉쭉 짜서
기운 넘치는 회오리바람을 그렸어.

> 봄 | 봄꽃·봄나물 요리

봄나물

봄이 오는 것을 어떻게 알까?
냄새로도 봄이 오는 걸 알 수 있어.
흙을 헤치고 얼굴을 쏙 내민 봄나물들이
싱그러운 봄 냄새를 내뿜어.

굳세게 돋아난 봄나물 캐러 가자

보송보송 하얀 솜털이 난 쑥이야.
국을 끓이거나 떡을 해 먹으면
참 맛나.

돌 틈에서 자라는 돌나물도 보여.
이른 봄에 돋아난 싹을 초고추장에
무쳐 먹으면 입맛이 돌아.

이파리가 광대 옷에 달린 목깃처럼
생겼지? 그래서 광대나물이야.
물에 데쳐서 나물로 무쳐 먹어.

나물 뿌리는 어떻게 생겼을까?

삽이나 호미로 뿌리가 다치지 않게
땅을 깊숙이 파서 나물을 캐 보자.
뿌리에 엉긴 흙은 탈탈 털어 줘.

흐음! 냉이 뿌리에서 향긋한 냄새가 나는걸?

봄나물 보고 그리기

봄나물을 꼼꼼히 살펴보고 그려 봐.

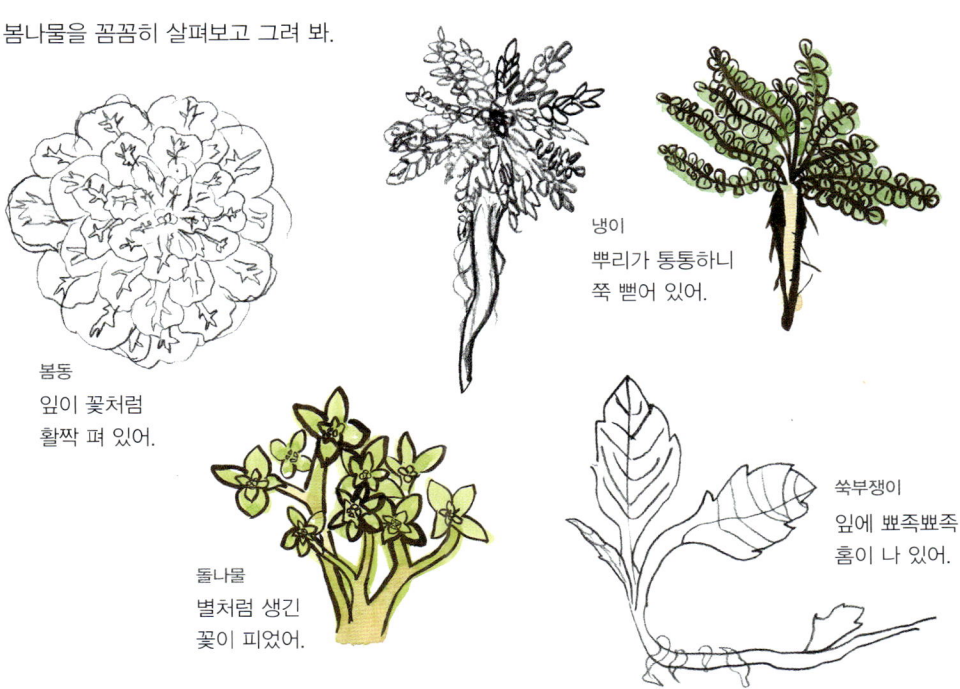

봄동
잎이 꽃처럼
활짝 펴 있어.

냉이
뿌리가 통통하니
쭉 뻗어 있어.

돌나물
별처럼 생긴
꽃이 피었어.

쑥부쟁이
잎에 뾰족뾰족
홈이 나 있어.

구수한 냉이 된장국 끓이기

맛도 좋고 몸에도 좋은 냉이!
냉이에 된장을 풀어 봄 냄새 폴폴 나는
냉이 된장국을 끓여 보자.

누런 잎은 떼어 내고,
냉이를 뿌리째 물에 살살
흔들어 씻어.

멸치를 우려낸 물에
된장을 풀고, 냉이와 두부,
파, 다진 마늘을 넣고 끓여.

보글보글 끓인
냉이 된장국을
국그릇에 담아내.

봄 | 봄꽃·봄나물 요리

봄나물, 꽃차

봄기운 한껏 품은 봄나물들이 산과 들에 가득해.
향긋한 꽃과 달콤쌉싸름한 나물들로
보기 좋고 냄새 좋고 맛도 좋은
먹을거리를 만들어 보자.

꽃 따고 나물 캐러 산과 들로 나가자

산과 들에 향긋하고 빛깔 고운 먹을거리가 넘쳐 나.
유채꽃이랑 조팝꽃, 머위처럼 먹을 수 있는 여러 꽃과 풀을 모았어.
철쭉처럼 독이 있는 꽃도 있으니까 식물 도감을 살펴보면 좋겠지?

내 머위 모자 어때?

얼굴보다 큰 둥글넓적한 머위에서
싱그러운 봄 냄새가 물씬 풍겨.

분홍빛 벚꽃이 푸짐하게 피었어.

유채꽃은 나물로 먹으면 정말 맛있어.

참나물

복사꽃

두릅

민들레

제비꽃

봄빛 담뿍 담은 향긋한 나물과 꽃차

꽃과 풀을 버무려 새콤달콤 나물을 무치고,
꽃을 말려서 향긋한 차도 만들어.

나물 만들기

꽃과 풀을 물에 깨끗이 씻어서
물기를 털고, 접시에 소담히 담아.

매실청을 넣고 버무리면 어떤 맛이 날까?

냠!

매실청을 붓고 잘 버무리면 달콤한 나물이 돼.
감식초를 넣으면 새콤달콤하게 먹을 수 있지!

꽃차 만들기

꽃잎이나 꽃봉오리를 햇볕에 바싹 말리면
향긋한 차로도 즐길 수 있어.

매화꽃차

생강꽃차

냉이꽃
조팝꽃
복사꽃
병풀꽃

뜨거우니까 조심해!

말린 꽃에 뜨거운 물을 붓고 잘 우려내.
향긋한 꽃차 만들기 정말 쉽지?

| 봄 | 봄꽃·봄나물 요리 |

꽃전

산과 들에 꽃잔치가 한창이야.
고운 꽃이랑 어린 풀, 봄나물로
어여쁜 꽃전을 부쳐 보자.
입안 가득 봄을 느낄 수 있어.

먹을 수 있는 꽃을 찾아 산과 들로 나가 보자

복사꽃, 살구꽃, 아기 진달래까지.
나무에서 새순을 따고 봄나물도 캤어.

돌나물

그냥 먹으면 시고 쓴 풀들도 전으로
부쳐 먹으면 쌉싸름하니 맛이 잘 어울려.

배추꽃

밭에서 겨울을 난
배추가 봄이 되니
자라서 노란 꽃을 피웠어.

벚꽃

진달래꽃

뽕나무 새순

벌써
한가득 모았지.

산에서 피어난 벚꽃이야.
꽃술을 떼어 다듬고
물에 살살 씻어서 먹어.

제비꽃

달콤하고 고소한 꽃전을 만들자

가까운 숲이나 들에 피어난 꽃을 따다 향긋한 꽃전을 부쳐 봐.
따뜻하고 달큼한 봄을 입안 가득 넣고 맛있게 냠냠!

이얍! 다 반죽해 버리겠다!

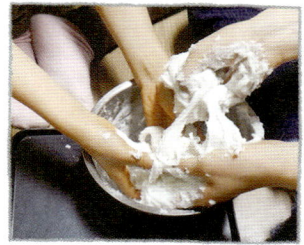

꽃이랑 나물을 물에 살살 씻어 두고, 찹쌀가루, 소금, 따뜻한 물을 준비해.

찹쌀가루에 소금을 넣어 간을 맞추고 따뜻한 물을 조금씩 부어 가며 반죽을 개.

반죽이 질면 찹쌀가루를 더 넣어. 손에 달라붙지 않게 열심히 치대다 보면 덩어리가 돼.

밤톨만큼 반죽을 떼서 손으로 굴려 둥글납작하게 빚어.

프라이팬에 기름을 넉넉히 두르고 반죽을 올려. 그 위에 꽃과 나물을 올리고 손으로 꾹꾹 눌러.

꽃잎이 타지 않게 앞뒤로 뒤집어 가며 노릇노릇하게 구워.

꽃전 완성! 꽃전에 꿀을 바르면 윤기도 나고 더 맛있어!

꽃잎들이 마치 수채화 같아서 그림으로 그려 보았어.

봄 | 봄꽃·봄풀

꽃물로 그린 그림

마을 길에 소담히 피었던 봄꽃이
바람에 지고 있어.
땅에 소복이 쌓인 꽃잎이 정말 예뻐.
떨어진 꽃잎으로 무얼 해 볼까?

꽃잎을 모아 그려 봐

마을 앞 벚나무, 학교 운동장 옆 동백나무, 길가에 개나리.
어디든 좋아. 나무 밑에 떨어진 꽃잎들을 모아 보자.
모래밭을 도화지 삼아 꽃잎을 올려 여러 가지 모양을 만들 수 있어.
모래밭이 없으면 돌이나 나무 위도 좋아.

난 나뭇잎 주워야지!

여기도 꽃잎이 많아!

붉은 동백꽃이 잔뜩 떨어졌네!
동무들하고 꽃잎이랑 나뭇잎을 가득 주웠어.

동백꽃, 진달래꽃, 개나리꽃, 제비꽃 같은
여러 가지 꽃잎과 나뭇잎을 모아.

꽃잎을 모래밭에 놓았더니,
모래밭에 꽃이 핀 것 같아.

모래 위에 손가락으로 쓱쓱
물고기를 그리고 꽃잎으로 비늘을,
나뭇잎으로 지느러미를 만들었어.

모래밭에 있던 돌을 세우고,
꽃잎을 올려 꽃잎 케이크를 만들었어.

자연의 빛깔 그대로 담은 그림을 그려 봐

색색깔 꽃잎을 짓이기면 그 어떤 물감보다 고운 빛깔이 나.
나뭇잎이나 모래로도 갖가지 표현을 할 수 있지.

> 흙을 섞어
> 칠하면
> 이렇게 돼.

꽃잎 여러 장을 겹쳐서 짓이기면 꽃물이 나와. 짓이긴 꽃잎을 짜면서 종이에 그림을 그려.

풀잎을 문질러 산과 나무를 칠했어. 노란색 꽃물로 이름도 썼지.

갖가지 꽃물로 덧칠하거나 흙을 섞어 여러 색을 나타낼 수도 있어.

채린이는 개나리꽃물과 제비꽃물로 꽃이 가득 핀 산을 그리고 나뭇잎 물로 푸른 들판을 그렸어.

별이는 나뭇잎 물로 초록색 도롱뇽을 그렸지.

사랑이는 나뭇잎 물로 자기 모습을 그렸네?

25

봄 | 봄꽃·봄풀

꽃과 풀로 그린 봄

따뜻하게 내리쬐는 햇볕 받으며
동무들과 마을 뒷산에 나가 보자.
봄기운에 깨어난 뒷산 동물들도 보고,
봄꽃이랑 봄풀로 미술놀이도 해 볼까?

골짜기에서 작은 동물들을 만났어

골짜기 물속에 개구리들이 알을 낳았어.
알에서 나온 올챙이도 보았지.

와! 꼬리치레도롱뇽이다!
진한 갈색 몸에 노란 점이
얼룩덜룩 나 있어.

계곡산개구리 알과 산개구리 알이
같이 있네. 왼쪽이 계곡산개구리 알,
오른쪽이 산개구리 알이야.

오늘 만난 동물들을 자세히 살펴보고
그림을 그렸어.

동무들과 함께 나뭇가지와
돌을 주워서 동물 만들기도 했지.

아가들아, 어서 나오렴.

나뭇가지랑 풀이랑 알록달록 모양 만들기

산에서 찾은 풀과 꽃으로 땅을 도화지 삼아 예쁘게 꾸며 봐.

알에서 깨어난 올챙이들을 보고 올챙이 머리처럼 생긴 돌로 올챙이를 만들었어.

나무껍질로 만든 나비.

돌과 풀 줄기로 만든 사슴벌레.

돌로 만든 무당벌레.

풀잎과 나뭇가지로 만든 사마귀.

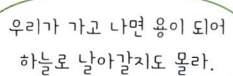

찬영이가 그린 개구리, 도롱뇽, 올챙이.

"우리가 가고 나면 용이 되어 하늘로 날아갈지도 몰라."

도롱뇽을 보고 여럿이 함께 용이 되는 모습을 상상해서 만들어 봤어.

"어? 나랑 닮았네?"

봄 | 봄꽃·봄풀

풀로 그린 동물

봄이면 꽃과 풀이 퐁퐁 돋아나듯
겨울 동안 움츠려 있던 동물들도
기지개를 활짝 펴.
동네에서 찾은 재료로 동물들을 그려 보자.

돌과 나뭇가지, 풀을 모아 그림을 그리자

둘레에 피어난 봄꽃과 봄풀이 모두 그리기 재료야.
땅을 도화지 삼아, 풀과 꽃을 물감 삼아 멋진 그림을 그려 봐.

꽃과 풀만 있으면 돼.

산수유꽃으로 뽀글뽀글 머리를,
매화꽃으로 눈썹과 입을 그렸어.
눈은 조약돌로 만들었어.

밭에 있던 배춧잎 한 장을
따서 그 위에 산수유꽃과 매화꽃을
얹으니 예쁜 꽃나무가 됐어.

꽃과 풀로 땅바닥에
좋아하는 모양을 만들어 봐.

풀잎으로 꾸민 동물 그림

강아지풀은 토끼털이 되었고,
댓잎은 닭 꽁지깃이 되었어.
또 어떤 풀로 재미난 그림을 그렸을까?

둘레에 떨어져 있는 여러 가지 풀을 모아 봐.

사랑이는 풀 줄기로
토끼 수염을 만들었어.

문수는 댓잎으로
닭 꽁지깃을 꾸몄어.

솔이는
고사리잎으로
토끼털을 꾸몄어.

주영이는
제비꽃잎으로
토끼 귀를 붙였어.

지우는 풀 줄기로 담장을 만들었어.

해울이가 나뭇잎으로
닭 털을 꾸몄어.

별이가 만든 닭이야. 어때, 재밌지?

봄 | 봄꽃·봄풀

다섯 손가락 인형

꽃잎과 나뭇잎으로
손가락 인형을 만들어 볼까?
나뭇잎에 얼굴을 그려 넣고,
다섯 손가락에 끼워서 인형극도 해 봐.

꽃잎과 잎으로 손가락 인형을 만들어
꽃잎과 나뭇잎을 오려 손가락 인형을 만들어 보자.

병풀 / 산수유나무 / 동백꽃 / 대나무 / 향나무 / 칼 / 풀 / 테이프

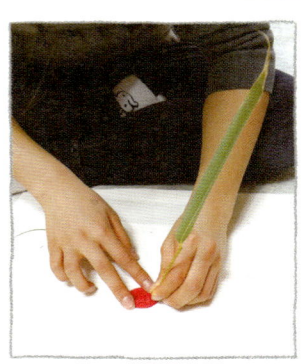

앞쪽 / 뒤쪽

나뭇가지로 넓적한 꽃잎과 이파리를
살살 긁어서 얼굴을 그려.
손톱으로 긁어도 돼.

눈, 코, 입을 오려 내서 만들면
더 재미있는 얼굴이 되지.

나뭇잎과 나뭇가지를 붙여서
몸을 만들고, 길쭉한 나뭇잎을
손가락 하나 들어가게끔 말아서
인형 뒤에 붙이면 끝!

손가락 인형 식구들 모두 모여라

여럿이 만든 손가락 인형을
모두 모아서 인형극 놀이를 해 봐.

내 치마 멋지지?

요즘 유행하는 머리야!

이렇게 끼우면 되는 건가?

향나무잎 치마를 입은 인형, 귀여운 아기 유령 인형,
나뭇잎 선글라스를 쓴 멋쟁이 인형까지!
뭐든 생각나는 대로 만들어 봐.

인형을 손가락에 끼워서
인형극 놀이를 해 봐.
다섯 손가락에 끼워서
혼자 해도 재미있고,
같이하면 더 재미있지!

손가락 인형을 종이에 얹고 잘게 자른 잎을
흩뿌렸더니 멋진 그림이 되었네!

> 봄 | 봄꽃·봄풀

만다라

꽃잎과 풀잎들을 한데 모아 놨더니
멋진 무늬처럼 보여. 알록달록 꽃잎이랑
연둣빛 풀잎과 나뭇잎으로
하나뿐인 작품을 만들어 봐.

마음속에 떠오르는 것들을 채워 만든 만다라

만다라는 동그라미 모양 안에 자유롭게 채워 넣는 그림이야.
물감이나 크레파스가 없어도
여러 색깔 꽃과 풀로 멋지게 꾸밀 수 있어.

산과 들을 돌아다니며 갖가지 색과 모양의
풀과 꽃, 잎사귀들을 모아 왔어.

냉이꽃

제비꽃

광대나물꽃

흰제비꽃

괭이밥

봄꽃, 봄풀로 가득 채운 만다라

하원이는 초록색 괭이밥잎이랑
하얀 벚꽃, 흰제비꽃, 연분홍
복사꽃잎이 어우러진
만다라를 만들었어.

별이는 만다라 가운데에
색연필로 무늬를 그리고,
칸마다 괭이밥 이파리랑 줄기,
복사꽃잎을 채워 넣었어.

아진이처럼 사인펜으로
테두리만 그리고
풀과 꽃을 담뿍 올려도
멋진 만다라가 돼.

미성이는 만다라 안에 꽃잎과 풀잎을
흩뿌려 놓았어. 서로 아주 잘 어울려.

우민이는 달팽이를 닮은
만다라를 만들었어.
달팽이 등껍질 위에 고운 연분홍
복사꽃이 핀 것 같아.

봄 | 봄꽃·봄풀

풀물 손수건

땅 위로 삐죽 고개를 내민
들풀과 꽃으로 풀빛 가득 스민
손수건을 꾸며 보자.
풀 내음 꽃 내음 나는 봄 손수건이야.

들에는 어떤 풀꽃들이 자랐을까?

맛도 좋고
꽃도 예쁜 냉이꽃.

푸릇푸릇. 올망졸망
봄까치꽃.

분홍 꽃이 대롱대롱
광대나물꽃.

샛노란 산수유꽃.

어떤 모양으로 꾸밀까?

먼저 흰 종이를 펼치고 그 위에 그림을 그리듯
풀과 꽃을 올려놓고 마음대로 꾸며 봐.

> 물이 잘
> 들 것 같은
> 통통한 풀을
> 골라야지.

나무 위로 봄바람이 불고,
꽃잎이 흩날리는 숲을 꾸몄어.

손수건에 봄을 물들이자

풀물 꽃물 곱게 물든 손수건을 가지고 다니면 봄바람에
살랑살랑 풀 내음 꽃 내음이 날 거 같아.

흰 천이나 손수건 쑥 미나리 냉이 광대나물 소루쟁이 산수유 숟가락

종이에 올려놓은 풀과 꽃 위에
조심조심 손수건을 덮어 줘.

숟가락 준비!

밑에 깔린 풀들이 평평하게 펴지도록
숟가락으로 손수건 위를 살살 눌러.

숟가락으로 툭툭툭툭 두드려서
골고루 풀물이 들게 해.

다 두드렸으면 덮었던 손수건을 뒤집어.
붙어 있는 풀이랑 꽃을 조심조심
떼어 내면 끝!

가까이에서
보면 더 예뻐!

여름에 하는 자연미술놀이

- 여름 꽃
- 토끼풀꽃 창신구
- 아까시나무 놀이
- 봉숭아꽃물
- 수박 놀이
- 열매즙으로 그린 그림
- 영두 놀이
- 감물 손수건
- 산골짜기에서 놀기
- 잎사귀로 꾸민 얼굴
- 덩굴줄기 그늘막
- 흙물로 그린 그림
- 이파리로 그린 그림
- 그림자로 그린 상상화
- 이파리 그림자놀이
- 글자 그림
- 모래톱 놀이
- 모래톱 도깨비
- 뗏목배
- 갯벌 관찰

여름 | 여름꽃·여름풀

여름꽃 그림

장맛비가 시원하게 쏟아지고
맴맴맴 매미 울음소리 울려 퍼지는 여름이야.
꽃과 나무들도 햇빛 담뿍 먹고
성큼 자라났지.

햇빛 받아 송이송이 피어난 들꽃

집 앞 꽃밭에, 학교 가는 길가에,
여름에 피는 들꽃을 찾아봐.
이름을 알고 보면 날마다 보던 꽃들이
더 특별하게 보일 거야.

온갖 들꽃이 있는 곳에 놀러 왔어!

나는 배추흰나비!

더운 나라에서 온 들꽃 '란타나'야.
꽃이 피면서 여러 색으로 바뀌어.

꽃 뒤쪽 꿀샘이 매 발톱을 닮아서 '매발톱꽃'이야.

꽃부리를 빨면 단맛이 나는 '꿀풀'이야.

요건 무슨 나비일까?
도감에서 찾아봐야지!

훨훨 나는 나비와 활짝 핀 꽃을 그림에 담아 봐

꽃이랑 곤충들을 자세히 보고 따라 그려 보자.
오래 들여다보면 그동안 몰랐던 아름다움이 보여.

노란 바탕에 검정 줄무늬가
호랑이와 비슷해서 '호랑나비'야.
날개 무늬가 아주 화려하지?

달콤한 냄새가 나는 '치자꽃'이야.
하얀 꽃잎이 여러 겹으로 겹쳐서 피어.

줄기가 높게 자라는 '접시꽃'이야.
꽃 모양이 접시처럼 넓고 옴팍해.

나비를 그릴 때는 나비 날개에 있는
무늬들을 하나하나 꼼꼼히 살펴봐.

꽃을 그릴 때는 잎 모양과
꽃잎이 난 방향을
자세히 보고 그려.

39

여름 | 여름꽃·여름풀

토끼풀꽃 장신구

토끼풀은 길가에서 흔하게 볼 수 있어.
땅을 기름지게 하고, 토끼랑 소도 잘 먹지.
생명력이 강해서 한번 퍼지면 금세 땅을 뒤덮어.
토끼풀꽃으로 놀아 보자.

들에서 만난 자연 동무들

들에 놀러 나가서 소복이 자란 토끼풀과
여름에 보이는 여러 동물을 만났어.

눈을 크게 뜨고
우리를 찾아봐!

동양하루살이

토끼가 좋아한다는 '토끼풀'이 가득 피었어.
하얗게 핀 꽃들은 토끼풀꽃이야.

소금쟁이

다슬기

둘레를 자세히 살펴보면 많은 동물을 만날 수 있어.
풀잎에 앉아 있는 하루살이, 강물 위를 걷는 소금쟁이,
강바닥 돌에 딱 붙어 있는 다슬기를 찾아봐.

부전나비

소복소복 토끼풀꽃을 엮어 장신구를 만들자

토끼풀꽃은 줄기가 질겨서 반지부터 팔찌, 목걸이, 머리띠까지 만들 수 있어.

팔찌

토끼풀 꽃줄기 하나면 돼.
꽃 아래 줄기를
손톱으로 눌러 살짝 벌려.

벌어진 사이로 줄기
끄트머리를 넣은 다음,
팔목 굵기에 맞춰 쭉 당겨.
길게 남은 줄기는
팔찌에 꼬아서 감아 줘.

목걸이

머리에 하면 머리띠야!

긴 토끼풀꽃 줄기 두 개를 골라 와.
꽃 아래 줄기에 틈을 벌리고, 이 구멍으로
다른 꽃줄기를 쏙 넣어서 꽃을 이어.
알맞은 길이로 줄기를 묶어서 마무리해.

머리띠

목걸이 만드는 방법으로 꽃을 이어.
꽃 두 개를 잇고, 한쪽 줄기에
새로운 꽃을 이어.

새로 이은 꽃줄기에 또 다른 꽃을
계속 이어.

머리 둘레 길이가 되면 양쪽
줄기들을 묶어서 둥글게 이어 줘.
다른 풀잎과 꽃을 덧대며
꼬아도 좋아!

줄기를
쭉 늘어뜨리니까
결혼할 때 신부가 쓰는
면사포 같지?

여름 | 여름꽃·여름풀

아까시나무 놀이

아까시나무는 꽃 냄새가 아주 향긋해.
하얀 꽃송이가 포도송이처럼 주렁주렁 달리지.
아까시나무꽃과 이파리로
어여쁜 장식도 만들고 놀이도 해 보자.

향기만큼 탐스런 아까시나무꽃

아까시나무꽃이 탐스럽게 피었어.
송이송이 하얗게 핀 모습이 정말 눈부셔.

꿀 맛보기

달달하다!

나도 나도 먹어 볼래.

아까시나무꽃에는 꿀이 많아.
송이째 따서 꿀을 맛볼까?

아까시나무꽃 장식

향긋한 아까시나무꽃을
머리 위에 올리기만 해도
화사해 보여.

청미래덩굴 줄기를 따서
화관도 만들고 몸치장도 해 볼까?
청미래덩굴은 줄기에 잔가시가
있어서 가시를 없애야 해.

아까시나무꽃하고
섞으니
근사하지?

🌿 아까시나무잎 놀이

아까시나무잎을 하나씩 따.

가위바위보 해서 이긴 사람이 잎을 하나씩 떼어 내.

잎이 먼저 다 떨어지는 사람이 지는 거야.

🌿 숲속 도깨비

아까시나무 둘레에 떨어져 있는 솔방울과 나뭇가지, 이파리를 모아 도깨비 얼굴을 만들어 볼 거야.

도깨비 머리카락으로 쓸 풀을 모아 하나로 묶어 줘.

솔방울로 눈을 만들고 나뭇가지로 입과 귀도 만들었지.

조금 더 큰 도깨비도 만들어 봐. 넓적한 바위 위에 마른 솔잎을 긁어모아서 도깨비 머리카락을 만들어. 작은 돌을 찾아서 눈, 코, 입까지 붙이면 끝!

여름 | 여름꽃·여름풀

봉숭아꽃물

뜨거운 햇빛 받고 풀과 꽃들도
성큼 자랐어. 마당가에 심은 봉숭아에도
조랑조랑 줄기마다 꽃이 피었지.
꽃잎이랑 이파리 따다 곱게 물들여 보자.

무럭무럭 자란 꽃나무
발갛게 피어난 봉숭아꽃잎으로 무얼 할까?

봉숭아는 꽃밭이나 길가 담장 밑에
많이 심어 길러. 꽃과 잎으로 손톱을
붉게 물들일 수 있지.

무슨 색깔
봉숭아꽃으로
물들여?

분홍색, 보라색,
빨간색, 어떤 색이든
괜찮아. 이파리도
함께 따 모아.

봉숭아꽃잎으로 손톱 발톱 물들여 볼래?

봉숭아꽃과 잎에는 손톱이나 발톱에 특히 잘 스며드는 색소가 들어 있어.
여러 번 물들이면 색깔이 점점 진해져.

여름 | 열매

수박 놀이

무더위를 날려 보내는 데
수박만 한 게 또 있을까?
시원하고 맛 좋은 수박 실컷 먹고
재미있게 놀아 봐.

커다란 수박 하나 잘 익었네, 통통통!

똑똑똑 잘 익었나요?
네, 잘 익었어요!

수박이 잘 익었나 손으로 두들겨 봐.

그럼 자르겠습니다. 얍!

잘 익은 수박에서는 통통통 맑은 소리가 나.

쩍!

수박씨 놀이

입속에 수박씨 하나를 넣고
퉤! 뱉은 뒤 얼굴로 얼른 받아.

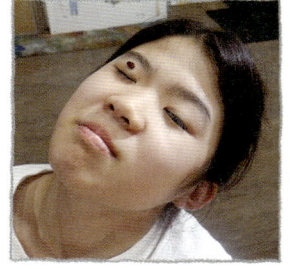
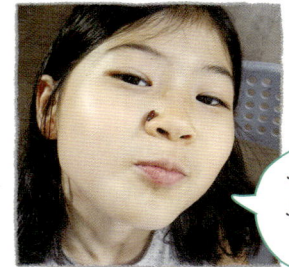

눈 위에 까만 점, 코 옆에 까만 점! 누가 더 웃겨?

수박 모자

숟가락으로 싹싹 긁어 먹고 난
껍질로 뭘 할까?
머리에 쓰면 튼튼한 수박 모자야.
꼭 군인들이 쓰는 철모 같아.

어? 앞이 안 보이는데……

수박 모자를 썼으니 두려울 게 없다. 덤벼라!

수박 껍질 도장을 만들어 꾹꾹 찍어 보자

수박 모자를 쓰고 실컷 놀았으면 이제 도장을 파 볼까?
버릴 것 하나 없는 수박으로 도장도 파고 그림도 그려.

수박 껍질
조각칼 물감 종이

다치지 않게 조심조심.

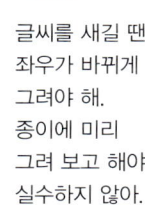

글씨를 새길 땐 좌우가 바뀌게 그려야 해. 종이에 미리 그려 보고 해야 실수하지 않아.

먼저 칼로 껍질을 잘라. 종이에 찍기 좋도록 평평하게 도려내.

완성된 모양을 생각하면서 조각칼로 홈을 파.

도장에 색색 물감을 발라.

종이 위에 꾹 눌러 찍어.

별, 꽃, 이파리, 글자까지 무슨 모양이든 다 좋아. 파는 게 어려우면 만들고 싶은 모양으로 잘라서 만들어도 돼.

향기로운 꽃밭

밤하늘에 별처럼 뜬 아이들

바닷속 친구들

여름 | 열매

열매즙으로 그린 그림

우리 마을에 시큼 달콤한 열매들이
탱글탱글하게 익었어.
열매들 따서 맛도 보고
즙을 내서 그림도 그려 봐.

까만 열매 빨간 열매 따다 놀자

까만 건 뽕나무 열매, 빨간 건 보리수나무 열매,
색색깔 열매로 즙을 내어
고운 자연 빛깔 그대로 그림을 그리자.

뽕나무 열매인 오디야.
까만 산딸기처럼 생겼지?
산딸기보다 더 달아.

보리수나무 열매인 보리수야.
빨간 앵두랑 닮았지?
쌉쌀한 맛이 나.

따 온 열매 맛 좀 볼까?

열매와 이파리를 따 왔어.
둘레에 있던 꽃이랑 풀도
조금 가져왔지.

열매즙으로 멋진 작품을 그려 봐

보리수와 버찌 즙으로 그린 꽃이야.
빨간 꽃이 피었어.

열매즙을 컵 가장자리에 묻힌 다음 찍어 봐.
그 위에 열매와 잎으로 마음껏 꾸며.

열매즙 그림 위에 열매와 꽃잎을 올려놓으니
멋진 작품이 되었네.

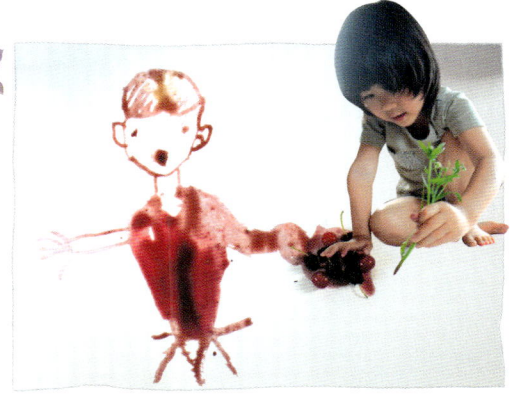

솔이가 풀 줄기로 그림을 그렸어.
얼굴은 사람이고 몸통은 큰 새잖아?

붓에 열매즙을 찍어
방울방울 떨어뜨렸어.
꼭 파마머리 같지?

산에 가서 열매들이 어디 숨었나 찾아봐. 열매를 따서 먹기도 하고 즙을 짜서 그림도 그려 보면 재밌어!

여름 | 열매

앵두 놀이

앵두나무에 대롱대롱 달린 빨간 앵두,
새콤달콤 앵두 따다 한입에 쏙!
앵두 먹고 퉤퉤! 앵두씨 뱉기 놀이도 하고,
씨앗으로 그림도 그려.

빨간 앵두 따러 가자!

여름 햇살 받고 반짝반짝 탐스럽게 익은 앵두 따러 가자.
입속에서 알알이 터지는 앵두 맛이 새콤달콤 상큼해.

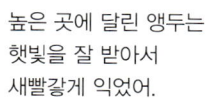
윽! 시다!
나도 잘 익은 앵두
먹고 싶어!

낮은 곳에 달린 앵두는
아직 덜 익어서 딱딱하고
맛이 시큼해.

높은 곳에 달린 앵두는
햇빛을 잘 받아서
새빨갛게 익었어.

열매를 잡고 따면 열매가 터질 수도 있어.
줄기를 잡고 따야 해. 줄기째 따면
더 오래 싱싱하게 먹을 수 있어.

흐르는 물에 살살 씻어서 먹어.
앵두잼이나 앵두청을 만들어 먹어도 좋아!

씨는 어디에
버리지?

얼른 먹고
또 따자!

누가누가
멀리 뱉나
겨루자!

50

앵두 먹고 퉤퉤!

땅바닥에 돌멩이로 금을 긋고,
앵두씨를 입속에 넣고 있다가
하나 둘 셋 "푸!" 하고 멀리 뱉어.

선 안쪽에 서서 준비, 시작!

일등 한 사람은 뱉은 씨앗 주워 오기!

와! 내가 일등! 일등 하면 뭐 없어?

힝, 나만 계속 꼴등해······

앵두씨로 그림을 그려 보자

앵두 속에는 작고 동그란 씨앗이 하나씩 들어 있어.
뱉은 씨앗을 하나하나 모아서 모양을 만들어 봐.
다른 열매 씨앗으로도 할 수 있어.

먹고 난 앵두 꼭지에
씨만 대롱 붙어 있어.
뒤집어서 보니 꼭
꽃봉오리 같아.

널빤지에 앵두씨를 올려
그림을 그렸어.

들판에 핀 꽃을 그렸어.
바람에 꽃잎이 휘날리는 거 같지?

여름 | 열매

감물 손수건

덜 익은 풋감은 떫어서 못 먹어.
하지만 풋감에서 나오는 떫은 물로
천을 물들일 수 있지.
감물 들인 손수건을 만들어 보자.

풋감을 찧어 감물을 만들어

장맛비와 세찬 바람에 후두둑.
아직 덜 익어서 풋풋한 풋감이 다 떨어졌어.

갓 딴 풋감일수록 더 떫고 물이 잘 들어.

딱딱한 풋감을 깍둑깍둑
썰어서 절구통에 넣고
잘게 찧어.

풋감즙이 넉넉히
나오면 거기에 물을
조금 섞어 묽게 해.

체에 밭쳐 건더기를
걸러 내고 감물만
쪼르륵 따라 부어.

오, 초록 물!
내 손수건에
물들이자!

52

감물에 퐁당! 손수건을 물들여

감물을 들인 옷을 갈옷이라고 해.
감물을 들이면 천이 질겨지고 몸에 달라붙지 않아.
여름에 바깥일 할 때 입기 좋지.
땀이나 때가 묻어도 냄새가 잘 안 배어.

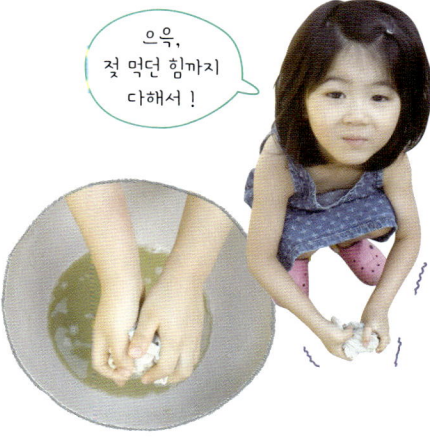

으윽, 젖 먹던 힘까지 다해서!

건더기를 걸러 낸 감물에 손수건을 푹 담가.

조물조물 골고루 적셔야 나중에 얼룩얼룩하지 않아.

그대로 두었다가 손수건을 꾹 짜서 남은 물기를 빼.

오잉? 물이 안 들었는데? 초록 물이 드는 게 아니었어?

손수건을 펼쳐 물기를 탈탈 털고 끝을 잡아당겨 꾸깃꾸깃한 주름을 펴.

젖은 천이 마르면서 점점 색이 진해져. 햇빛을 받으면 갈색으로 바뀌어.

이제 기다리는 일만 남았군. 쨍쨍이 햇볕아 도와줘!

감물로 그림을 그려 볼까? 얼른얼른 나타나라!

처음엔 누런빛이 돌고 열흘 정도 더 지나면 색이 바래서 갈색빛이 나.

감물이 떫으면 떫을수록 색이 잘 나오고 여러 번 물들이면 색이 더 짙어져.

여름 | 여름 숲

산골짜기에서 놀기

여름에는 가만히 서 있기만 해도 땀이 줄줄 흘러.
더위를 식히러 어디로 갈까?
산그늘 아래 물줄기가 흐르는 산골짜기로 출발!
산골짜기에서 무얼 만날까?

고기를 잡으러 산으로 갈까나

산골짜기는 좋은 놀이터야. 물놀이도 하고, 물고기도 만날 수 있거든.
맑은 물 흐르는 산골짜기에 사는 민물고기를 만나 보자.

통
떡밥
낚싯대와 그물

어어! 저기 물고기 간다.
자, 이쪽에 그물을 대!

물속에 그물을 대 놓고, 한쪽에서 물고기를 요리조리 몰아.

산에서 만난 귀한 동무들을 그려 봐

이따가 나 놓아줄 거지?

민준이는 쉬리를 꼭 상어처럼 그렸네.

혜성이는 갈겨니를 그렸어.

솔이가 그린 물고기 그림.

맑은 물에서만 사는 쉬리야.
몸이 늘씬하고 색깔이 고와.
지느러미에 줄무늬가 있어.

별이가 그린 쉬리야.

54

산에서 할 수 있는 놀이들

물고기 잡다가 잠깐 쉴 때, 다른 놀이들도 해 봐.

돌탑 쌓기!
쉬워 보여도 균형을 잘 맞춰 쌓아야 안 무너져.

나뭇잎 옷
널따란 나뭇잎 엮어 치마 만들기!

돌 위에 눕기
넓적한 돌은 꼭 침대 같고 네모난 돌은 베개 같아. 자연에서 익숙한 물건을 찾아봐.

돌침대에 누우니까 잠이 솔솔 오는걸?

여름 | 여름 숲

잎사귀로 꾸민 얼굴

산에는 나무가 많아서 정말 시원해.
우거진 나뭇잎은 뜨거운 햇볕을 막아 주고,
골짜기를 흐르는 물은 정말 차가워.
커다란 잎사귀 따서 여러 모양 얼굴을 꾸며 보자.

산에는 누가누가 살까?

차가운 물속에 꼬물꼬물 움직이는 작고 까만 건 뭘까?
산에 사는 작은 생명들을 찾아봐.

너른 바위 사이로 흐르는
깨끗한 골짝 물에는 누가 살고 있을까?

넓은 잎사귀에 물을
담았는데 무언가 살랑살랑
헤엄치며 들어왔어!

작고 귀여운 올챙이야.
가만히 들여다보고
금세 놓아주었지.

이제 재미있는 미술놀이를 해 볼까?
둘레에 떨어져 있는 잎과 열매들을 모아.

잎사귀로 얼굴을 꾸며 봐

나무와 풀 잎사귀로 재미있는 모양을 만들 수 있지.
잎 크기와 모양이 여러 가지일수록 더 많은 모양이 나와.

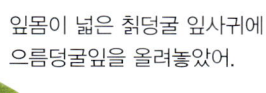

잎몸이 넓은 칡덩굴 잎사귀에
으름덩굴잎을 올려놓았어.

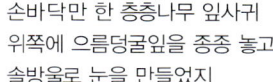

손바닥만 한 층층나무 잎사귀
위쪽에 으름덩굴잎을 종종 놓고
솔방울로 눈을 만들었지.

얼굴만 한 큰 잎사귀에
작은 꽃잎으로 눈을 만들었어.
큰 잎은 할아버지,
작은 잎은 아기 같지?

버찌로 만든 눈과 코, 솔방울 귀가 쫑긋!
아프리카 추장님이 웃고 있는 것 같지?

가장자리가 여러 갈래로 갈라지고
톱니처럼 생긴 버즘나무 잎사귀에
줄기와 꽃잎을 얹어 닭을 만들었어.

여름 | 여름 숲

덩굴줄기 그늘막

동무들과 모여 앉아 속닥속닥 이야기 나누면
아무것도 아닌 이야기도 정말 재미나.
커다랗게 자란 나뭇잎과 줄기로
비밀 장소를 만들자.

우리들만 아는 비밀 장소

대나무를 세워서 잎이 무성한 칡덩굴을 올리니까
그럴듯한 그늘막이 됐어.
그늘 아래 드리운 잎사귀를 보며 그림도 그려 봐.

아빠가 쓰러진 대나무를 잘라 주었어.

둘레에 있던 칡덩굴과 오동나무잎,
댓잎도 모아.

네 귀퉁이에 대나무로
기둥을 세워.

기둥에 대나무나 긴 나뭇가지를
가로질러 놓고 노끈이나 칡덩굴로 묶어.

칡덩굴에 잎을 엮어 지붕을 얹으면
비밀 장소 만들기 끝!

아무도 모르는 데서 조용히 그림 그리니까 정말 좋아.

나뭇잎 그늘막 만들기

나무와 덩굴줄기만으로 그늘막을 만들 수 있어.
시원한 덩굴 그늘막 아래서 쉬면서 우리끼리 도란도란 비밀 이야기 하자.

칡덩굴 같은 덩굴줄기를
나무와 나무 사이에 묶어.

한쪽에 굵은 나뭇가지를 박고
덩굴줄기가 풀어지지 않게
단단히 묶어.

잎이 달린 덩굴줄기를
얼기설기 엮으면 완성.

칡 잎사귀 그리기

그늘 아래 드리운 잎사귀를 보며 그림을 그려 봐.

① 먼저 굵은 잎맥을 그려.
② 잎맥 둘레에 동그란 잎 테두리를 그려 넣어.
③ 잎맥을 더 자세히 들여다보고
   가는 잎맥을 그려.
④ 초록색으로 잎을 칠하고 더 짙은
   초록색으로 잎맥을 덧칠해.

여름 | 여름 숲

흙물로 그린 그림

한여름에도 서늘한 바람이 부는
골짜기에서 하는 물놀이는
아무리 해도 질리지가 않아.
실컷 놀고 색다른 그림도 그리자.

골짜기에서 그린 흙물 그림

골짜기에 흐르는 물과 부드러운 흙,
나뭇가지만 있으면 멋진 그림을 그릴 수 있어.

흙에다 물을 붓고 잘 개어 줘.

나뭇가지에 흙물을 찍어서 종이 위에 그림을 그려.
나뭇가지 굵기에 따라 느낌이 다른 그림을
그릴 수 있어.

넓적한 돌에도 그림을 그려 봐

남은 흙물로 돌 위에다 멋지게 그려 볼까?

나도 그려 봐야지.

골짜기를 돌아다니며 넓적한 돌을 찾아.

돌 위에 흙물을 듬뿍 덮고, 나뭇가지로 부드럽게 긁듯이 그려.

손가락으로 쓱쓱 그려도 잘 그려져.

흙물로 몸과 얼굴을 꾸며 봐

종이나 돌 위에만 그림을 그릴 수 있는 건 아니야.
동무 얼굴에도 재미난 그림을 그려 줘.

히! 어때? 인디언 같지?

흐어, 시원하다! 흙물도 지우고 더위도 식히고!

붓이나 손가락에 흙물을 적셔.
몸과 얼굴에도 슥슥 발라 봐.

동물 수염이나 재미난 무늬로 얼굴을 꾸며 봐.

흙물로 놀다가 더우면 물속으로 풍덩!
골짜기에서 놀다 보면 하루해가 금방 저물어!

여름 | 이파리

이파리로 그린 그림

한여름 뜨거운 햇볕 탓에
절로 시원한 곳을 찾게 돼.
이파리를 따다 나무 그늘 아래에서
재미난 놀이를 해 볼까?

갖가지 모양 이파리들을 모아 모아

작은 이파리, 큰 이파리, 길쭉한 이파리, 둥그런 이파리, 여러 가지 잎들을 모아 오자.
초록빛 이파리에 빗과 칫솔로 안개처럼 신비한 느낌이 나는 그림을 그려 봐.

종이 위에 그리고 싶은
모양대로 이파리를 얹어.

물감 묻힌 칫솔을 빗에 문질러서
종이 위에 흩뿌려. 여러 색깔로
여러 번 하면 더 알록달록 촘촘해져.

이파리를 떼어 내면 안개처럼 퍼진
물감 아래로 멋진 이파리 모양이
드러나.

알록달록 안개 속에 피어난 이파리 그림

여름 | 이파리

그림자로 그린 상상화

햇살 아래 이파리들은 반짝반짝 빛나고,
땅에는 그림자들이 아른아른해.
이파리가 살랑일 때마다 다르게 보이는
그림자에 재미난 상상을 더해서 그려 줘.

이파리 그림자로 상상화 그리기

이파리는 하나지만 그림자 모양은 여러 가지야.
이파리를 움직이면 빛을 받는 곳이 달라져서
계속 다른 모양 그림자가 생기거든.

이파리를 대고 그렸냐고? 아니, 이파리 그림자를 따라 그린 거야!

풀과 나뭇잎들을 모아 와. 넓적한 단풍잎,
뾰족한 솔잎, 길쭉길쭉 댓잎, 삐죽빼죽 쑥잎 들이 있네.
여러 가지 모양으로 모으면 그림이 더 풍부해져.

이파리 그림자가 진 곳에 흰 종이를 놓고
그림자를 연필로 따라 그려. 바람이 살랑이면
또 다른 모양을 한 그림자를 그릴 수 있어.

힝. 혼자 이파리도 들고, 그림도 그리려니 너무 힘들다!

그럴 땐 동무랑 같이 그리면 되지!

집 안에서도 그려 봐. 불빛 아래서
이파리를 들고 종이 위에 생기는 그림자를 그려.

그림자를 따라 그리다 보니 그림자를 닮은
무언가가 떠올라. 상상한 것을 마음껏 펼쳐 봐.

그림자로 상상의 나래를 펼치자

민준이는 단풍잎 여러 장을 겹친 모습에서
사자를 떠올렸어. 삐죽삐죽 퍼진 갈기, 날카로운
이빨과 발톱이 사자랑 꼭 닮았지.

예담이는 단풍잎 그림자를 보고서
손바닥 얼굴을 그렸어. 손바닥과 손가락 끝에
웃고 있는 얼굴들이 참 다정해 보여.

효민이는 쑥잎을 보고 물개를, 단풍잎은 손,
댓잎은 새싹, 족제비싸리나무잎은 가시나무,
고추나무잎을 보고는 장수풍뎅이를 떠올렸대.

혜성이는 댓잎 그림자를 보고 공룡을 그렸어.
길쭉길쭉한 다리랑 꼬리, 갈기가 멋지지?
쑥잎으로는 무시무시한 괴물 귀신을 그렸대.

여름 | 이파리

이파리 그림자놀이

해가 있는 동안은 어디든 나랑 꼭꼭
붙어 다니는 동무가 있어. 바로 그림자야.
손이랑 이파리, 나뭇가지 들을
빛에 비춰 그림자놀이를 해 보자.

그림자 동무야, 안녕?

이파리나 나뭇가지를 손에 들고 빛을 비추면 멋진 그림자가 나타나.

나뭇가지 / 느티나무 / 강아지풀 / 피마자

"파닥파닥 날갯짓하는 새!"

"옥수수잎으로 만든 방아깨비야."

벽이나 바닥 위에 모양을 만들고
불빛을 비추면 동물, 곤충 같은
재미난 그림자를 만들 수 있어.

한손으로 쫑긋한 귀랑 동그란 눈이
귀여운 토끼를 만들었어.

"맛있다, 냠냠! 토끼풀은 없니?"

강아지풀을 토끼 입에 대 주면
먹이를 먹는 토끼가 돼.

개 얼굴 그림자 앞에 굵은
나뭇가지를 놓으니 뼈다귀를
바라보는 개 모습이 나타났어.

그림자가 들려주는 알쏭달쏭 수수께끼

그림자에 이파리와 나뭇가지를 얹으면
여러 가지 동물들을 만들 수 있어. 여럿이 모여서
무슨 동물인지 맞히기 놀이를 해 봐.

손목을 구부려서 뾰족한 부리와
긴 목을 만들고, 이파리로 몸을 꾸며.

몸통에 손바닥 모양 잎을 얹으면
날개가 만들어져.

톱니 모양 잎이 달린 줄기도
이 새랑 정말 잘 어울려!

길쭉한 눈을 내밀고 자기 몸집만 한
나뭇잎을 등에 지고 꼬물꼬물 기어가.

입은 뭉툭하게 튀어나오고,
머리 위에 우람한 뿔을
뽐내는 것 같아!

풀이랑 나뭇잎이
멋진 깃털
장식 같지?
우리 그림자도
맞혀 봐!

여름 | 강

글자 그림

물에 젖어도 시원하게!
여름에 여럿이 하기 딱 좋은 만들기를 해 볼까?
따로 만든 글자 그림을 한데 모아 놓으니
멋진 작품이 돼.

꽃망울이 팡팡 터지는 물감 뿌리기

물감 뿌리기는 넓은 바깥에서 하는 게 제맛이야.
여기저기 튀어도 걱정 없고, 마음껏 뿌릴 수 있으니까!

① 흰 종이를 여러 장 모아 크게 만들어.
② 동무들마다 붓에 여러 가지 색 물감을 묻혀
   물에 적신 다음 종이에 마구 뿌려.

노란색을 뿌리면
더 산뜻해지겠지?

나는
빨간색!

요기
빈 곳도
채워 볼까?

동무들과 함께 꾸민 그림 글씨

여럿이 함께 물감을 뿌려 한 작품을 만들어 봤다면,
그림 글씨 꾸미기로 따로 또 함께 작품을 만들어 볼까?

① 먼저 알리고 싶은 말을 정한 다음 큰 종이 한 장에
   글씨를 하나씩 써.
② 글씨를 마음껏 꾸미고 칠해 봐.
   물감 말고도 나뭇잎이나 풀 줄기,
   꽃잎 들을 써서 꾸며도 좋아.

나도 같이 칠했어!

여름 | 강

모래톱 놀이

강가에서 푸른 물결 바라보며
바람을 쐬면 마음까지 시원해져.
반짝이는 강물 따라
사박사박 모래 밟으며 놀자.

섬진강에 누가 다녀갔지?

어? 누가 우리보다 먼저 왔다 갔네. 누구 발자국일까?

맨발로 모래를 밟으며 발가락 사이로 작은 모래 알갱이들을 느껴 봐.

모래 위에 벌러덩 누워서 팔다리를 파닥파닥 날개를 펼쳐라!

강물에 발을 담그고 가만히 서 있으면 송사리들이 몰려와 발등을 간지럽혀.

스르륵 다리에 모래를 뿌려 봐. 참 보드라워!

자연이 만든 초록색 돌. 멋지지 않아?

작은 둠벙 만들기

봄이는 강가에 모랫둑을 쌓고 돌과 풀로 꾸몄어. 꼭 작은 둠벙 같지?

섬진강 메기 만들기

안녕? 반가워!

모래를 두툼하게 쌓아서 몸통을 만들어. 눈과 입, 지느러미를 만들어.

콧구멍을 벌름벌름 눈을 끔벅끔벅. 메기가 뭍으로 올라온 것 같아.

다 같이 만든 인어야. 풀을 꽂아 비늘을 꾸몄어.

모래 그림 그리기

종이 위에 물풀로 그림을 그린 다음 모래를 뿌려 봐.

모래를 털면, 멋진 모래 그림이 나타나!

`여름 | 강`

모래톱 도깨비

물결 반짝이는 강을 따라 걸어 봐.
솔솔 부는 강바람이 시원하지.
내친김에 신발 벗고 강물에 발을 담가 볼까?
흙과 돌을 모아서 도깨비 얼굴을 만들자.

섬진강 지킴이 도깨비

솔솔 부는 강바람에 어느새 이마에 맺힌 땀이 식어.
강물에서 발 담그고 놀아 볼까?

강가에 도깨비섬을 만들어 보자!
먼저, 삽으로 작은 물길을 내.

튼튼하게!

모래를 긁어다가 모래언덕을 쌓고
무너지지 않게 손바닥으로 토닥토닥 두드려 줘.

모래가 강물에 쓸려 가지 않게 굄돌을 둘러야 해.
큰 돌덩이부터 작은 돌멩이까지 차곡차곡 쌓아.

여기에 도깨비가 살 수 있으려나?

모래랑 돌로 쌓은 도깨비섬이야!

익살스런 도깨비

다 만든 도깨비섬에 눈, 코, 입을 꾸며 익살스런 도깨비 얼굴을 만들어 줘.

얕은 물에서 마음에 드는 돌을 골라.
물을 머금은 촉촉한 돌은
마른 돌보다 색이 잘 드러나거든.

색색 돌을 모았으면,
도깨비섬 위에
돌을 얹어 봐.

빙긋 웃는 도깨비를
만들었어! 어때,
잘생겼지?

도깨비섬 옆에 도랑을 만들었어

도깨비 머리 위에 도랑을 파.

바가지로
강물을 퍼 올리니
송사리가 잡혔어!

돌에
다슬기가
붙어 있네!

오순도순
오붓하게
잘 살아!

다슬기랑 송사리랑 함께 놀게
도랑에 풀어 주었어.

나도
찾았어!

여름 | 강

뗏목배

강가에서 주운 갖가지 재료로
세상에 딱 하나뿐인 배를 만들자.
어떤 모양 배가 멋질까?
여러 모양 뗏목배를 만들어 보자.

물결 따라 두둥실, 뗏목배

강가에서 주운 재료로 뗏목배를 만들 거야.
종이배보다 튼튼하고 잘 떠내려가지.

나뭇가지 · 강아지풀 · 갈대 · 여뀌 · 고무줄 · 조개껍데기

강가를 돌아다니며 뗏목배 만들 재료를 구해.
긴 나뭇가지와 들풀, 조개껍데기 들을 찾아.

만들고 싶은 배 크기에 맞게
긴 나뭇가지를 잘라.

자른 나뭇가지들을 고무줄로
묶어 뗏목 모양을 만들어.

풀잎과 들꽃, 조개껍데기 들로
뗏목을 멋지게 꾸며 주자!

74

여러 가지 재료로 만든 뗏목배

갖가지 재료들 특징을 살려서 저마다 다른 모양으로 뗏목배를 만들었어.

해울이는 크고 굵은 나무들을 엮어 만들었어.

아진이는 풀잎으로 돛을 달고 조개껍데기를 얹어 만들었네!

별이는 나무를 세모꼴로 엮어 세모난 뗏목배를 만들었지. 잎이 마주 난 풀잎으로 돛을 달았어.

더 빨리! 더 빨리 가!

자련이 뗏목배는 가오리연과 꼭 닮았어. 나뭇가지로 틀을 만들고 배 바닥 부분에 긴 풀잎을 끼웠지.

여름 | 강

갯벌 관찰

섬진강 끝자락에 있는 강어귀를 찾았어.
강물이 바다와 만나는 곳이라 작은 갯벌이 있지.
강어귀 갯벌에 뭐가 사는지 볼래?
거기서 만난 작은 생명들을 그림으로 담아 보자.

섬진강 끝자락에서 만난 넓적콩게

우와! 잡았다!

나문재
바닷가 모래밭에서 자라.

넓적콩게

고둥

갯벌에 송송 구멍이 나 있어.
넓적콩게나 칠게가 드나드는 길이야.
물이 빠질 때 바깥에 나왔다가
사람이 오면 구멍으로 쏙 들어가 버려.
그래도 용케 두 마리나 잡았어.
바위에 붙어사는 고둥도 땄지.

갯벌에서 본 넓적콩게를
그림으로 그려 볼까?

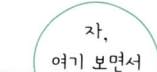
자, 여기 보면서 그려.

갯벌에 사는 생명들을 그렸어

게들이 비슷해 보여도 게마다 생김새가 달라.
아이들이 그린 그림도 저마다 느낌이 달라.

덕훈이는 붓펜으로 칠게를 그렸어.

예슬이는 연필과 색연필로
넓적콩게를 그렸지.

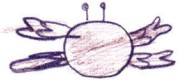

별이는 나문재 옆을 지나는 갈게를 그렸어.
갈게는 집게발이 크고 튼튼해 보여.

하원이는 붓펜으로
넓적콩게를 그렸네.

솔이는 연필로 넓적콩게 등딱지 무늬를
자세히 그려 넣었어.

아진이는 웃고 있는
게를 그렸어.

주영이는 집으로 들어가려는
갈게를 그렸어.

가을에 하는 자연미술놀이

가을꽃으로 그린 꽃물
가을풀 장신구
옥수수 인형
가을배추, 가을무
바람나무
억새로 그린 그림
억새 공예품
새알을 품은 둥지
돋보기로 그린 그림
나뭇잎 옷을 입은 종이인형
나뭇잎으로 그린 그림
나뭇잎 장신구
열매로 만들기
열매로 그린 내 얼굴
창 가리개

가을 | 가을꽃

가을꽃으로 그린 동물

아침저녁으로 선선한 바람이 불어오면서
산과 들에 풀과 나무들도 옷을 갈아입었어.
울긋불긋 물든 단풍잎과
떨어진 가을꽃을 모아 그림을 그려 보자.

나뭇잎과 가을꽃을 모아

초록색이던 잎이 울긋불긋 물들었어.
도화지 위에 그림을 그리고 여러 색깔 나뭇잎과
꽃을 잘라 붙여서 가을 색으로 물든 그림을 그려 볼까?

그리고 싶은 동물을 떠올리고
종이에 연필로 밑그림을 그려.

그림 위에 나뭇잎과 꽃을
얹어 보며 그림과 어울리는
색을 골라.

잎을 그림 모양에 맞춰
손으로 자르고, 풀칠을 해서
그림에 붙여.

가을꽃과 나뭇잎으로 그린 신기한 동물 그림

나뭇잎과 가을꽃으로 색을 얻으면 물감과는 다른
색깔과 질감을 나타낼 수 있지. 가을 느낌 물씬 나는 그림,
구경해 볼래? 동무들이랑 다 같이 큰 종이에 해 봐도 재밌어.

예담이는 물에 떠 있는 백조를 그렸어.
백조 깃털을 흰색, 분홍색 코스모스 꽃잎이랑
노란색 고비잎으로 꾸몄어.

용진이는 '꽃드래곤'을 그렸어.
빨갛게 물든 반들반들한 감잎이
용을 더 화려하게 빛내 줘.

민준이도 용을 그렸어. 코스모스 꽃잎으로 꾸민
비늘이랑 노란 고비잎 지느러미가 멋지지?

혜성이는 '꽃도마뱀'을 그렸어.
노란 감국 꽃잎으로 만든 눈이
살아 있는 듯 말똥말똥해!

가을 | 가을꽃

가을꽃 장신구

가을비가 촉촉이 내리면
금세 날씨가 쌀쌀해져.
가을꽃과 나뭇잎도 비바람에 우수수 떨어지지.
떨어진 가을꽃과 잎으로 장신구를 만들자.

꽃 장신구를 만들자

가을비 맞고 떨어진 가을꽃과 나뭇잎 모아서
꽃목걸이, 꽃팔찌, 꽃머리띠를 만들어 볼까?

여기저기 떨어진 꽃과
나뭇잎을 주워.

바늘에 실을 꿴 다음 하나하나
꽃송이를 엮어.

나뭇잎도 사이사이에 넣어서
함께 엮어.

예쁜 꽃목걸이 완성!

머리에 하면
예쁜 꽃머리띠!

실 길이를
손목에 맞추어 엮으면
꽃팔찌!

꼬마 인디언이 되어 보자

머리에 천이나 손수건을 두르고
강가에 있는 갈대와 나뭇가지를 꽂아 봐.

워어어어! 나는야 용감한 인디언 추장!

여뀌를 꺾어 꽂았더니 꼭 사슴뿔 같아.

갈대가 진짜 깃털 같지?

우리가 꽃이 되어 보자

길가에 핀 꽃처럼 동무들과 꽃이 되어 봐.

손을 모아 꽃을 만들었어.

동무들과 머리를 맞대고 동그랗게 엎드려 봐.

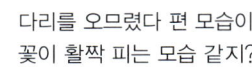

다리를 오므렸다 편 모습이 꽃이 활짝 피는 모습 같지?

가을 | 텃밭

옥수수 인형

손가락 길이만큼 작던 옥수수가
사람 키보다 더 크게 훌쩍 자랐어.
옥수수는 맛도 좋지만
재미난 놀잇감이기도 해.

옥수수 꺾으러 가자

오동통하게 여문 옥수수를 보면 달큰한 맛이 떠올라서
저절로 군침이 돌아. 옥수수 따면서 할 수 있는 놀이도 있지.

옥수수는 익은 정도에 따라 수염 색이 달라.
아주 안 익은 건 노란색, 살짝 덜 익은 건 빨간색,
잘 익은 건 짙은 갈색이야.

옥수수수염을 얼굴에 붙여 재미난 수염을 만들어 봐.

옥수수 인형을 만들자

밭에서 꺾어 집으로 가져온 옥수수!
삶아 먹기 전에 예쁜 인형으로 만들어 봤어.

옥수수 껍질에 칼집을 내거나
사인펜으로 얼굴을 그려.
수염을 돌돌 말거나
늘어뜨려서 얼굴과 어울리는
머리를 만들어 줘.

여러 겹인 껍질을 살짝 벗겨서
예쁜 인형 옷을 만들 수도 있어.

옥수수 껍질이랑 수염으로 그림을 그리자

옥수수 껍질이랑 수염을 떼면 버리지 말고
잠깐 기다려! 멋진 그림을 그릴 수 있거든.

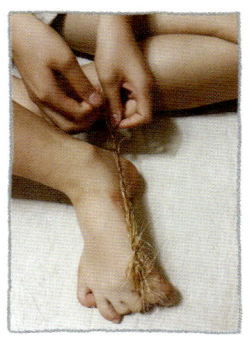

발가락으로 수염 한쪽을
꽉 잡고 잘 땋아.

땋은 수염을
종이 위에 놓고 연필로
얼굴과 몸을 그려.
옥수수 껍질로
예쁜 옷을 입히면 완성!

재미난 얼굴을 찾아보자

옥수수를 다듬다 보면 수염이 달린 모양에서
재미난 생김새를 찾을 수 있어.
삶은 옥수수를 먹으면서도 귀여운 얼굴을 만들 수 있지.

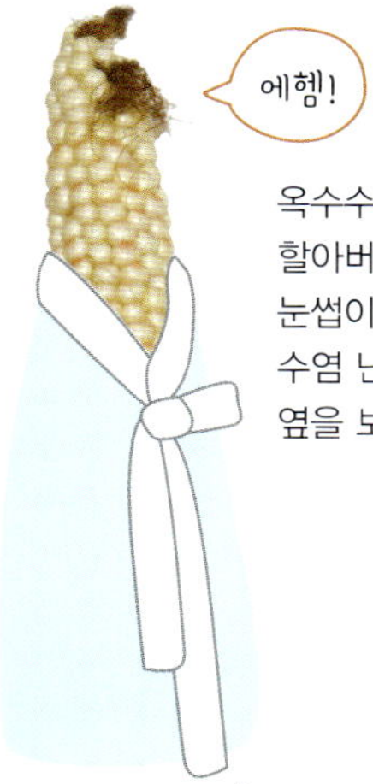

에헴!

옥수수에서
할아버지 얼굴을 찾았어.
눈썹이 짙고
수염 난 할아버지가
옆을 보고 있는 것 같지?

옥수수알을 이로 하나씩 살살 따 내서
귀여운 개구쟁이 얼굴을 만들었어.

가을 | 텃밭

가을배추, 가을무

배추랑 무는 초가을쯤 심고
겨울이 오기 전에 거두어들여서 김장을 담그지.
세 뼘 텃밭에 김장거리를 심고
날마다 자라는 모습을 그림으로 그려 보자.

세 뼘 텃밭에 가을배추를 심자!

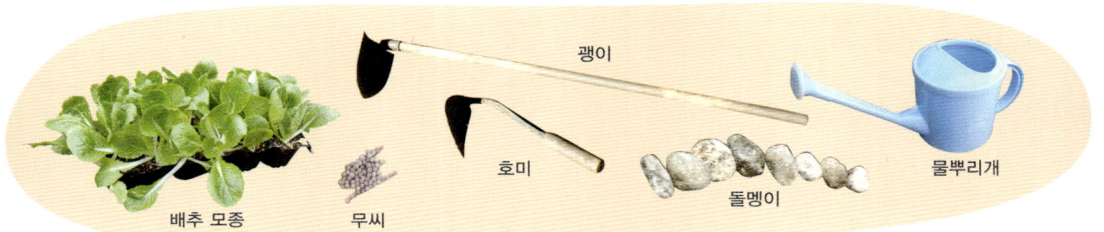

배추 모종 / 무씨 / 호미 / 괭이 / 돌멩이 / 물뿌리개

괭이와 호미로 갈아서 흙을 골라.

앗, 공벌레다! 낙엽 밑에 숨어 있었네!

놀라면 몸을 공처럼 둥글게 마는 공벌레.

호미질은 조심조심 해 줘.

땅을 기름지게 하는 지렁이.

흙을 쌓아 만든 두둑
땅과 땅 사이에 좁게 들어간 고랑

두둑을 높이고 고랑을 낸 뒤 가장자리에 돌을 둘렀어.

옮겨 심으려고 가꾼 어린 식물을 모종이라고 해.

두둑에 배추 모종을 심어. 모종 사이를 30센티미터쯤 띄어서 심어.

통통하게 자라라!

흙에 뿌리를 꽂은 다음 손으로 살살 흙을 덮어 줘.

무 씨앗을 심자!

배추를 다 심었으면 이번에는 배추 짝꿍 무를 심자.
무는 씨앗으로 심어.

흙에 손가락을 푹 찔러 손가락 한 마디 깊이로 구멍을 만들어.

구멍 속에 무 씨앗 세 개를 넣고 흙을 덮어 주면 돼. 정말 쉽지?

쭉쭉 물 먹고 쑥쑥 자라라!

뿌리가 자리 잡을 수 있게 물을 줘. 이튿날 새벽에 이슬이 내리니까 흠뻑 주지 않아도 돼.

무 옆에 양배추 모종도 심었어.

여기는 무랑 양배추를 심은 밭이야!

배추

무

방울양배추

쪽양배추

가을 텃밭 완성!

내 손바닥 어때?

모종이 자라는 모습을 그림으로 남겨 놔야지!

가을 | 억새

바람나무

높고 파란 하늘에 시원한 바람이 불어.
기분 좋은 가을바람에 온몸을 맡겨 봐.
한들한들 흔들리는 들풀과 들꽃으로
'바람나무'를 만들어 볼까?

시원한 가을바람을 느껴 봐

흔들리는 풀과 꽃을 보면 바람이 지나가는 걸 알 수 있어.
바람을 더 잘 보고 싶어서 '바람나무'를 만들기로 했지.

나뭇가지랑 억새, 여뀌, 강아지풀, 갈대처럼 줄기와 잎이 길쭉한 풀을 모아.

요걸로 바람나무 만들면 딱이겠는걸!

나뭇가지   여뀌   강아지풀   갈대

풀을 모아 나뭇가지에 고무줄로 묶어.

풀이 어느 쪽으로 휘날려?

지금은 이쪽!

바람나무 완성!
바람나무를 들고 서서
풀이 어느 방향으로 날리는지 살펴봐.

가을 | 억새

억새로 그린 그림

억새는 물기가 없는 산이나 들에 살고 갈대랑 다르게 이삭 색깔이 흰색이야. 솜털 같은 이삭이 나부끼는 억새를 한 아름 꺾어서 그림을 그려 보자.

들판에서 억새와 나뭇잎을 모았어

하얀 솜털이 다복하게 달린 억새가 한창이야.
들판을 누비며 억새를 꺾었어.
떨어진 나뭇잎과 열매들도 함께 모아 왔지.

억새는 질기니까 가위로 자르는 게 좋아.

히히! 내 억새 뿔 어때?

억새 다발로 얼굴을 가리면 깃털 가득 달린 가면 같지?

춤이 절로 나오는구나!

열매랑 억새를 모아 꽃다발을 만들었어!

억새랑 나뭇잎으로 그림을 그려봐

들에서 주워 온 억새와 나뭇가지, 줄기, 나뭇잎, 열매로
도화지 위에 꾸며 보았어.

종이 위에 이파리랑 줄기, 열매를 얹어서
성냥팔이 소녀가 성냥을 떨어뜨리는 그림을 그렸어.

커다란 종이에 밑그림을 그리고 억새랑
나뭇잎, 열매로 색을 채워 봐.

나는 루돌프 사슴이야!
열매로 만든 코가
정말 빨갛지?

나는 북실북실
억새 수염을 한
산타 할아버지야!
성탄절에 만나!

내 빨간 코
멋지지?

종이가 아니어도 돼!
두꺼운 나뭇잎에 길쭉한 나뭇잎이랑 나뭇가지를 꽂고,
열매를 얹어서 눈, 코를 만들면 귀여운 루돌프 사슴 완성!

가을 | 억새

억새 공예품

억새랑 대나무 줄기는 길쭉하고 튼튼할 뿐 아니라 잘 구부러져서 여러 가지를 만들기 좋아. 억새와 나무줄기로 멋진 공예품을 만들자.

산과 들에서 가져온 길쭉한 억새와 대나무

억새잎 / 억새 줄기

억새잎을 한 겹씩 벗겨 내면 단단한 줄기가 드러나.

감나무 가지

여러 갈래로 뻗은 나뭇가지랑 풀 줄기도 챙겼지.

대나무

대나무는 튼튼하고 잘 구부러져서 쓸모가 많아.

나뭇가지와 줄기로 엮음틀을 만들자

나뭇가지 / 끈

굵은 나뭇가지를 포개어 틀 모양을 만들고 끈으로 칭칭 감아 묶어 줘.

대나무 줄기는 둥글게 휘어서 풀리지 않게 묶어 줘.

엮음틀로 쓸 부분

나뭇가지 생긴 모양에 따라 그 모습 그대로 틀로 써도 좋아.

엮음틀에 억새를 엮어 보자

소쿠리나 옷감을 자세히 살펴보면
가로세로로 촘촘히 엮인 줄을 볼 수 있어.
우리도 엮음틀에 억새풀을 가로세로로 엮어 보자.

억새는 줄기가 길어서
서너 가닥으로도
여러 겹 엮을 수 있어.

먼저 긴 씨줄(가로줄)을 고정시키고 그 씨줄 사이사이에
앞뒤로 번갈아서 날줄(세로줄)을 끼우면 돼.

갈 지 자로
씨줄을 두르고
세로로 억새잎을
하나씩 끼워.

대나무 줄기로 만든
둥근 테에는 씨줄을
하나만 묶고 억새 줄기로
날줄을 촘촘히 끼웠어.

솜처럼 질감이 다른
재료를 끼워도 돼.

짜잔! 여러 모양 공예품 완성!

마른 잎과 줄기들을 주워 와 가닥가닥 엮으니
제법 그럴듯한 공예품이 되었어.

감을 올려도
끄떡없을 만큼
튼튼해!

억새 줄기를
엮은 쟁반.

억새와
솜을 엮은 공예품.

찻잔과 다과를 올려
찻상을 차렸어.

가을 | 억새

새알을 품은 둥지

새알을 품은 둥지 본 적 있지?
억새를 묶어서 둥지를 만들고
동글동글 돌에 그림을 그려서
둥지 안에 넣어 볼까?

둥지 만들 재료 찾으러 출발!

강가에서 자갈돌이랑 마른 억새를 찾았어.
가을걷이가 끝난 논에서 지푸라기도 주웠지.

조약돌이 새알처럼 예쁘지?

억새
돌멩이
지푸라기
색칠 도구

강가를 누비며 새알을 닮은
동글동글한 돌멩이를 찾았어.

돌알에 그림을 그려 보자

동글동글한 돌에 소중한 꿈을 그려 보자.

내 얼굴을 그렸어.

자련이는 커서 맵시가꾼이가
되고 싶대.

민준이는 우리나라가
얼른 통일됐으면 하는
바람을 담아
태극 무늬를 그렸어.

혜성이는 "독도는 우리 땅!" 이라는
뜻으로 태극기를 그렸어.

우리의 꿈을 품은 둥지를 만들어 볼까?

마른풀을 엮어서 둥지를 만들어 봐.
길쭉하게 만들 수도 있고, 동그랗게 만들어도 돼.

> 내 둥지는 꼭 사탕 같지?
> 이래 봬도 알이 여러 개 들어간다고!

> 마른풀로 둥지 안을 채우면 더 포근해지겠지?

풀을 둥글게 휘어서
양쪽 끝을 한쪽으로 모아 묶어.
꽁지를 가위로 잘라 주면
둥근 둥지 만들기 끝!

억새, 갈대, 지푸라기 들을 길쭉하게
모아 양쪽 끝을 남은 풀로 묶어 줘.
가운데 부분은 알을 담을 수 있게
오목하게 벌려.

둥지 얹으러 가자!

어미 새가 둥지에서 정성껏 알을 품으면
새끼가 알을 깨고 나오듯 우리 꿈도
살뜰하게 가꾸면 언젠가 꼭 이뤄질 거야.

> 둥지에 알을 담았으니, 이제 둥지 얹을 자리를 찾으러 가 볼까?

새집처럼 나무 위에
얹어 보았어.

폭신한 떨기나무에 얹으니
둥지가 더 아늑해 보여.

낙엽 위에 얹어 보아도 참 잘 어울려.

가을 | 나뭇잎

돋보기로 그린 그림

햇빛이 내리쬘 때만 할 수 있는
놀이가 있어. 돋보기랑 햇빛만 있으면
어디서든 그릴 수 있는 돋보기 그림!
천천히 그려야 하니까 꾹 참고 해 보자.

여기저기 떨어진 나뭇잎을 주워

조금씩 말라 가는 나뭇잎을 주워서
돋보기로 그림을 그려 보자.
재미난 얼굴 표정이 나올 테니까 기대해 봐.
시작해 볼까?

이 돋보기로
뜨거운 너에게
맞서겠다!
이얍!

아,
햇볕이 너무
뜨거워……

마른 단풍잎

돋보기는 유리알을
볼록하게 만들어서 작은 것을
크게 보이게 하는 도구야.
빛을 한곳으로 모으기도 해.

돋보기로 나뭇잎 위에 햇빛을 모아

돋보기 놀이는 마른풀이나 나뭇잎에 불씨가 번지지 않게
흙바닥에서 조심조심 해야 해. 또 절대 사람한테 비추면 안 돼.
화상을 입을 수 있어.

오, 연기
난다!
데지 않게
조심해!

볕이 잘 드는
마당에서 돋보기로
빛을 모아 봐.
돋보기를 나뭇잎에
가까이 대면
큰 빛점이 생겨.

돋보기를 높이 올리면 빛점이 작아지는데
빛을 작게 모을수록 더 뜨거워져.

나뭇잎을 그을려 그림을 그려

나뭇잎에 작은 빛점을 만들어 계속 햇빛을 쬐이면
그 부분이 뜨거워져서 연기가 나고 그을음이 생겨.

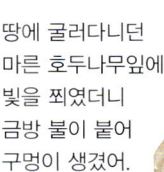

땅에 굴러다니던
마른 호두나무잎에
빛을 쬐였더니
금방 불이 붙어
구멍이 생겼어.

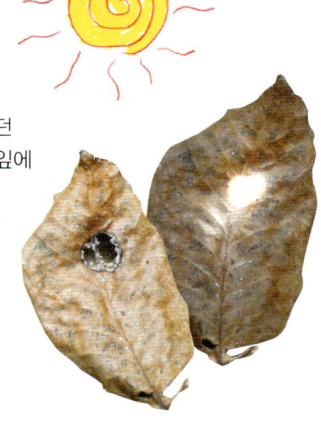

색이 어둡고
바싹 마른
나뭇잎일수록
더 잘 타니까
불이 커지지
않게 조심해.

돋보기 각도에 따라 빛점이 넓어지거나
사라지기도 하니까 초점을 맞춘 다음
연기가 날 때까지 움직이지 말아야 해.

그을음이 생기고 연기가
피어오르면 조금씩 움직여서
그림을 그려.

호두나무잎을 태워
하트를 그렸어.

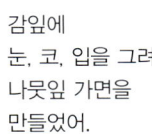

감잎에
눈, 코, 입을 그려
나뭇잎 가면을
만들었어.

양버즘나무잎에
눈과 입을 그렸어.
그을린 자국이
눈물처럼 보여.

가을 | 나뭇잎

나뭇잎 옷을 입은 종이인형

가을 숲에 가만히 서 있으면
빨갛게 노랗게 물든 나뭇잎이
속닥속닥 말을 걸어 오는 거 같아.
숲에서 찾은 열매와 잎으로 인형 놀이 해 보자.

곱게 물든 나무 아래서 열매와 잎을 주워

나무랑 풀들이 겨울을 준비하며 잎과 열매를 떨궈.
가을 숲에 떨어진 갖가지 열매와 잎을 찾아봐.

콩깍지처럼 생긴
자귀나무 열매.

널브러진 나무 조각과
도토리.

통통한 열매와
씨앗이 많이
떨어졌어!

붉게 물든 단풍잎.   단풍나무 씨앗.

단풍잎 색깔이
참 곱지?
옷으로 꾸미면
잘 어울릴
거야!

도토리가 모자를
벗어 두고 갔네.

짠! 이렇게
상처 난 부분도
예쁜 무늬가
될 수 있어!

늦가을이라 그런지
고운 빛깔 잎과 열매가
더 풍성한걸?

열매랑 잎으로 가을 옷을 지어

가랑잎 망토, 은행잎 치마, 도토리 모자처럼
열매랑 잎으로 멋진 옷 지어 입고
맵시를 뽐내자!

가을 | 나뭇잎

나뭇잎으로 그린 그림

찬 바람이 불어오면 우거졌던 나뭇잎이
우수수 떨어져 잔뜩 쌓이지.
나뭇잎으로 무얼 할까?
떨어진 나뭇잎으로 멋진 작품을 만들어 보자.

가을빛 가득 머금은 나뭇잎

길 위에 떨어진 알록달록 나뭇잎을 모아서 놀아 볼까?

떨어진 나뭇잎과 나뭇가지를 모아 봐.
여러 가지 색깔별로 모으면 더 풍성한
작품이 나오겠지?

곱게 물든 나뭇잎이 꽃잎 같기도 해서
꽃을 만들었어. 무슨 꽃처럼 보여?

버섯에 나뭇잎을 꽂았더니 우산이 됐어.

나뭇잎 기차를 타고 떠나 보자

나뭇잎을 많이 모아서 여럿이 함께 놀아 볼까?

잘린 둥치에 나뭇가지를 끼우고 그 사이에
나뭇잎을 끼워 봤어. 나무가 다시 자라난 것 같지?

땅 위로 튀어나온 나무뿌리를 따라
돌을 올린 다음에 사이마다 나뭇잎을 꽂아.

나무뿌리 둘레를 따라 나뭇잎을 둥그렇게
꽂으면 나뭇잎 기차 완성!

둥치에 나뭇잎 눈을 달아 주고 나뭇가지 뿔과
버섯 이빨까지 만들었더니 멋진 용이 되었네.

가을 | 나뭇잎

나뭇잎 장신구

울긋불긋 나뭇잎이 떨어져
하나둘 쌓이더니 금세 폭신폭신해졌어.
고운 빛깔 나뭇잎들로 모자랑 옷을 꾸며 봐.
가을 멋쟁이가 따로 없지.

빨간빛 노란빛 나뭇잎을 찾아라!

떨어진 나뭇잎을 모아. 작은 잎, 큰 잎,
빨간색, 노란색, 여러 가지로 모아 볼까?

풀 둘레에
고운 빛깔로 물든
나뭇잎을
둘러놓으면……

짠!
나뭇잎 꽃이
피었습니다!

이끼에 돌이랑 나뭇가지로 눈이랑 코를
만들고, 나뭇잎으로 쫑긋한 귀를 얹으니
토끼가 됐네.

코끼리야,
긴 코로 같이
물 마시러 가자!

길게 늘어뜨린 나뭇가지 코랑
넓적한 나뭇잎 귀를 달아 주면 코끼리!

나뭇잎으로 모자랑 옷 장식을 만들어

곱게 물든 나뭇잎으로 가을 멋쟁이가 돼 보자.
실이랑 옷핀이 있으면 모자랑 옷 장식을 만들 수 있어.

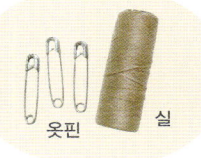
옷핀 실

어때, 어울려?

나뭇잎 꼭지를 모아 실로 묶어 머리에 쓰면 모자가 돼.

잎을 돌돌 말아서 여러 잎으로 덧대고, 잎꼭지들을 실로 묶어. 잎몸을 바깥으로 살짝 구부리면 활짝 핀 나뭇잎 브로치 완성.

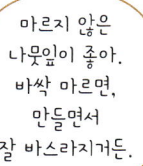
마르지 않은 나뭇잎이 좋아. 바싹 마르면, 만들면서 잘 바스라지거든.

잎을 그러모아, 토끼랑 도깨비도 만들었어.

단풍이 한창인 지리산에 가는 길을 그렸어.

나는 지리산에 사는 꼬물꼬물 애벌레!

가을 | 열매

열매로 만들기

여름내 무럭무럭 자란 곡식과
열매들이 알알이 익어 가.
가을 숲에서 찾은 온갖 열매로
재미난 열매 놀이를 해 보자.

여러 가지 열매를 찾아봐

마을과 숲을 누비며 갖가지 색으로 익어 가는
열매들을 찾아봐.

가을 들녘에 노랗게 익어 가는 벼 이삭에는
낟알들이 탐스럽게 열려 있어.

밤송이 사이로 삐죽
고개를 내민 알밤.

붉게 익은 구기자.

여름에는 초록색 단단하던 감이
10월이 되면 붉게 잘 익어서 툭툭 떨어져.

이건 강아지
꼬리처럼 생겨서
강아지풀이라고
해.

콩꼬투리 속
잘 여문 콩알.

한여름에는 마냥 푸르던
강아지풀이 어느새 누레졌어.

갖가지 열매로 가을놀이를 해 봐

둘레에서 모은 열매, 잎, 풀 들을 모아 어떤 재미난 걸 만들어 볼까?

예담이는 감잎과 바랭이, 콩꼬투리로 인디언을 만들었어.

솔이는 감 위에 콩알과 꽃잎을 얹어 감 케이크를 만들었어. 참 먹음직스럽지?

민준이랑 혜성이는 밤나무잎과 밤송이, 감, 구기자로 밤 도깨비를 만들었네!

자련이는 감잎과 구기자, 밤, 바랭이로 참새를 만들었어.

가을 | 열매

열매로 그린 내 얼굴

곱게 피어난 꽃들이 가을이 되니
저마다 씨앗이 알알이 맺혀.
밤나무랑 상수리나무도 열매를 떨구지.
떨어진 열매로 그림을 그려 보자.

도글도글 여문 열매와 씨앗 찾으러 가자

꽃이 진 자리에 여문 씨앗들과
가을 빛깔 뽐내는 열매 주우러 가자.
샛노란 민들레와 덩굴진 나팔꽃, 보송보송 달맞이꽃이
어떤 모양 씨앗을 맺었는지 볼까?

민들레 씨앗이 흩날리지 않게
살며시 손으로 감싸 떼어 냈지.

"이 안에 나팔꽃씨가 들었어."

나팔꽃 씨앗이 단단한 씨방 속에서
빼꼼 모습을 드러냈어.

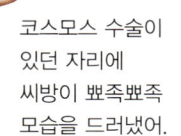

"코스모스 씨앗도 톡톡!"

코스모스 수술이
있던 자리에
씨방이 뽀족뽀족
모습을 드러냈어.

"달맞이꽃 꽃잎이 떨어진 자리에 씨방이 생겼어."

바짝 마른 씨방을 떼어 내고
손으로 굴려 가며 톨톨 털거나
반으로 갈라 씨를 빼.

씨앗과 열매로 그린 내 얼굴

가을이 두고 간 선물로 내 얼굴이 담긴 액자를 남겨 봐.
곱게 물든 나뭇잎은 멋진 머리칼이 되었고,
올망졸망 도토리는 산과 나무, 눈, 코, 입이 되었어.

모은 씨앗들을 칸이 나뉜 통에 정리했어.
씨앗마다 색도 다르고 질감이랑 모양도 다 달라.
씨앗들이 한데 모이니 예쁜 씨앗 팔레트가 되었어.

둥그스름한 코

야무진 입술!

바닥에 깍정이가 씌워진 도토리를 뒤집어 놓고
속눈썹이 예쁘게 올라간 눈을 그렸어.

짜잔!
가을이 꽉 들어찬
내 얼굴 그림 완성!

도토리 나무 한 그루.

도토리나무 밑에 버섯도 자랐어.

가을 | 열매

창 가리개

찬 바람에 흔들리는 창문이 허전해 보여.
나뭇잎이랑 열매를 엮어서
창 가리개를 만들어 보자. 살랑살랑 춤추는
창 가리개 보며 흰 눈을 기다려 봐.

길쭉한 나뭇가지와 어여쁜 열매를 주워 와

창 가리개 봉으로 쓸 곧은 나뭇가지랑
가지에 매달 나뭇잎, 풀대, 열매를 주워.
땅에서 주운 열매와 나뭇잎은 흙먼지를 털어 내.

도토리

갈대

아이고, 벌써
한 짐이구만?
그래도 이 정도는
거뜬하지!

노랗고 향긋한 탱자를 주웠어.
탱자나무 가시는 무척 억세고
날카로우니까 손으로 따지 말고
땅에 떨어진 걸로 주워.

이 나뭇가지가
좋겠다. 아빠가
손질해 줄게.

와,
곧게 잘
뻗었다!

난
나뭇잎
주울래.

으음,
탱자 냄새!
창문 앞에 걸어 두면
내내 향긋하겠는걸?

열매랑 나뭇잎을 실에 꿰어 나뭇가지에 매달아

햇살이 비치면 창 가리개 사이로
멋진 그림자가 만들어져.
겨울에는 가을 열매와 잎 사이로
하얀 눈이 송이송이 내리겠지?

실 끝에 두툼하게
여러 번 매듭을 짓고
열매와 잎 가운데를 실로 꿰.
실로 꿰려면 바늘이 잘
들어가는 것이어야 해.

실로 다 꿰었으면
하나씩 하나씩 줄줄이 엮어.
사이사이에 매듭을 묶어
띄엄띄엄 간격을 둬도 좋아.

꿴 실을 나뭇가지에 나란히 묶어.

나도 매달아 줘.

멋진 창 가리개 완성!

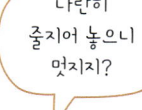

나란히 줄지어 놓으니 멋지지?

겨울에 하는 자연미술놀이

눈 케이크
눈하르방
숯으로 그린 그림
나무뿌리 놀잇감
성탄 장식
드림캐처
흔들까비
한지 등
물글씨
새해 소망
꽃놀이
오방색 담요
얼음보석
겨울 속에 숨은 봄

겨울 | 눈

눈 케이크

기다리고 기다리던 눈 오는 날! 뭘 하고 놀까?
눈썰매, 눈싸움, 눈사람 만들기…….
신나는 놀이들이 참 많아.
폴폴 날리는 눈 맞으며 실컷 놀자.

눈으로 눈을 보자

가만가만 눈을 들여다봐. 눈 모양이 저마다 달라.
돋보기로 자세히 보고, 눈 결정체 모양을 그려 볼까?

눈밭에서 놀아 보자

눈 내린 날은 뭐니 뭐니 해도 눈썰매지!
눈밭에서 마음껏 구르자.

야호! 비닐 포대 나가신다.

눈 케이크를 만들자

빈 화분이나 컵, 둘레에서 구할 수 있는 열매나 나뭇잎을 준비해.

빈 화분에 눈을 꾹꾹 눌러 담아.

눈 담은 화분을 뒤집어서 눈덩이만 쏙 뺀 다음 열매와 잎으로 꾸며.

눈 케이크 만들기 끝!

긴 풀 줄기를 꽂으니까 생일 같아. 후!

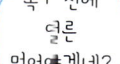
녹기 전에 덜른 먹어야겠네?

엄마, 생일 축하해요.

케이크를 쓱쓱 버무리면 눈 비빔밥이 되지.

겨울 | 눈

눈하르방

돌하르방은 마을 사람들이 아무 탈 없이 잘 지낼 수 있게 돌봐 주는 지킴이야. 온 마을을 덮은 눈으로 돌하르방 대신 눈하르방을 만들어 보자.

마을을 지키는 듬직한 눈하르방

꽁꽁 뭉쳐 만든 눈덩이를 굴려서 점점 크게 만들어.
눈덩이 두 개를 눈사람 만들 듯 올려.
눈 속에 묻힌 초록 잎들과 열매들도 찾아서 꾸며 봐.

겨울에도 푸른 은목서나무.

돌 틈에 자라난 고비.

동글동글 붉은 남천나무 열매.

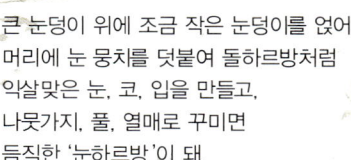

큰 눈덩이 위에 조금 작은 눈덩이를 얹어.
머리에 눈 뭉치를 덧붙여 돌하르방처럼
익살맞은 눈, 코, 입을 만들고,
나뭇가지, 풀, 열매로 꾸미면
듬직한 '눈하르방'이 돼.

겨울 | 겨울나무

숯으로 그린 그림

가을에 캐 둔 빨간 고구마,
추운 겨울 숯불에 구워 먹으면 정말 맛나.
찬 바람 쌩쌩 불어도 밖에서 고구마 구워 먹고,
숯으로 그림도 그려 보자.

모닥불에 고구마를 구워 호호 불어 먹자

돌을 모아서 둘러놓고 나뭇가지와 풀에 불을 붙여.
그런 다음 고구마를 넣고 익을 때까지 기다려.
불 피우는 건 위험하니까 어른들이랑 같이 해.

언니 조심해.

검은 숯으로 슥슥 그림을 그려

타고 남은 숯 막대기로 그림을 그려.
숯가루를 물에 개어 숯물을 만들면 숯 물감!

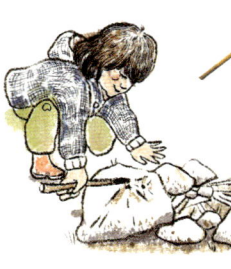

타다 만 나뭇가지나 숯으로 돌에다 쓱쓱싹싹 그림을 그려 보자.

갈대에 숯가루를 묻혀서 그려 봐.

불이 꺼지고 난 다음 남은 숯을 모아.
숯을 돌에 짓이겨서 가루를 만들어.
그리고 물을 조금 섞으면 숯물이 돼.

마른풀이나 갈대를 주워서 붓으로 써 봐.

살살 문질러 그리는 숯 그림

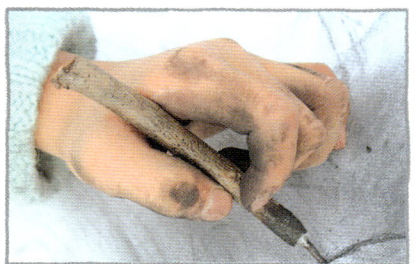

손으로도 싹싹!

숯을 연필처럼 깎아서 그려 봐.
더 세밀하게 그릴 수 있어.

숯으로 그린 다음 손으로 살살 문지르면
색다른 느낌을 낼 수 있지.

겨울 | 겨울나무

나무뿌리 놀잇감

아무것도 없을 것 같은 겨울 강가에서
물에 실려 내려온 나무뿌리를 찾았어.
나무뿌리에 숨은 동물 얼굴도 찾아보고,
뿌리 모양을 그대로 살려 놀잇감도 만들어 볼까?

나무뿌리에서 찾은 동물 얼굴

나무뿌리는 쭉쭉 뻗은 것도 있고, 구불구불 꼬인 것도 있어.
갖가지 모양을 한 나무뿌리에 어떤 동물이 숨어 있나 찾아봐.

이것 봐! 꼭 용을 닮았지?

우와, 이건 커다란 강아지 같아!

재미있게 생긴 나무뿌리들을 모아서 닮은 동물 찾기 놀이를 해 봐.

강가를 돌아다니다 보면 강물에 떠내려온
여러 모양 나무뿌리들이 있어.

주둥이가 기다란
악어

나무뿌리를 요리조리 돌려 보고,
살펴보면 몇 가지나 되는
동물 모습을 찾을 수 있어.

털이 복슬복슬한
양

귀여운 여우

나무뿌리 모양에 어울리는
그림을 그려 넣어 봐.
나무뿌리에 있는 얼룩들은
동물들의 눈, 코, 입이나
무늬가 될 수 있지!

나무뿌리로 만든 알록달록 놀잇감

나무뿌리에 색을 칠하고, 그림을 그려 주면 더 생생하고 재미난 놀잇감을 만들 수 있어.

강가에서 주운 나무뿌리
붓
물감

나무뿌리는 깨끗이 씻고 잘 말려서 껍질을 다듬어.

나무뿌리 모양에 따라 어울리는 동물이나 물건을 정하고, 물감으로 색칠해 줘.

기다란 나무뿌리로 요술 지팡이를 만들었어.

한쪽 끝이 쩍 벌어진 나무뿌리에 비늘을 그려 뱀을 만들었어. 돌멩이를 놓으니 먹이를 먹으려는 거 같지?

구불구불한 나무뿌리로 고운 꽃무늬가 있는 새를 만들었어.

겨울 | 겨울나무

성탄 장식

들판에서 주운 열매와 풀, 나뭇잎으로
성탄 장식을 만들어 보자.
마른 볏짚으로 사슴 인형도 만들고
솔방울로는 작은 인형도 만들 수 있어.

눈을 크게 뜨고 겨울 들판을 누벼 보자

가을걷이가 끝나서 텅 빈 들판이지만
찾아보면 만들기 재료들이 참 많아.
마른 볏짚이랑 솔방울, 나무 열매, 덩굴줄기,
눈에 띄는 것들을 모두 모아 봐.

수수

남천나무 열매

솔방울

소나무

마삭줄

나뭇가지도 필요한 만큼 가져가자.

마른풀도 벌써 이만큼이나 모았어.

성탄절이 더 즐거워지는 장식 만들기

들에서 가져온 재료들로 성탄절 느낌 물씬 나는 인형과 장식을 만들어. 손수 만든 장식으로 집을 멋지게 꾸며 봐.

볏짚 사슴 인형

볏짚을 몸이랑 뒷다리가 될 것과 목이랑 앞다리가 될 것, 머리가 될 것으로 한 줌씩 나눠. 머리는 좀 짧게 잘라.

㉮ 몸이랑 뒷다리
㉯ 목과 앞다리

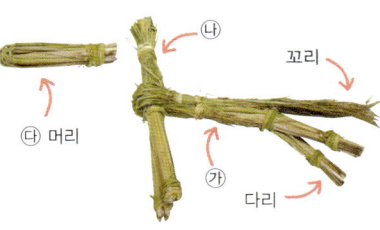

㉰ 머리
㉯
㉮ 다리
꼬리

㉰
㉯
㉮
사슴 똥이야.

볏짚을 반으로 접어서 지푸라기로 단단히 묶고, ㉮ 구멍 사이로 ㉯ 묶음을 쏙 끼워서 잡아 빼.

㉮ 뒷부분을 세 갈래로 나누고, 아래쪽 두 갈래를 묶어 다리 모양을 만들어 줘. 위쪽은 꼬리야.

㉯ 위쪽 구멍에 ㉰를 쏙 넣고, 나뭇가지나 나뭇잎을 꽂아 장식해.

성탄 장식

덩굴줄기가 서로 엉키게 꼬면서 둥글게 엮고, 줄기 사이사이를 벌려 솔방울과 풀 들을 끼워. 솔방울은 빨간 열매를 끼우거나, 빨간색 물감으로 살짝 칠하면 더 예뻐! 끈을 달아서 벽이나 문에 걸어 봐.

솔방울 인형

솔방울에 나뭇잎이나 풀, 열매를 꽂으면 귀여운 솔방울 인형이 돼.

찔레 열매
강아지풀

겨울 | 겨울나무

드림캐처

드림캐처는 인디언들이 만들기 시작했어.
둥근 고리에 그물망을 걸어 만들었지.
그물망이 나쁜 꿈들을 걸러 주어서
좋은 꿈만 꾸게 해 준다고 믿었어.

잘 구부러지는 나뭇가지를 찾아서!

드림캐처는 보통 잘 휘는 버드나무 가지를
둥글게 구부려 만드는데,
잘 휘는 가느다란 나뭇가지라면 뭐든 괜찮아.
갈대랑 억새, 부드러운 나뭇가지를 찾아.

버드나무랑
고로쇠나무로 만들어야지!
싸리나무도 좋은데,
어디 없나?

난 갈대로
만들어 볼 거야!

칼로
껍질을 벗길 때는
손이 베이지 않게
조심조심!

강가에 갈대가 정말 많아!
드림캐처에 매달면 멋지겠지?

둥근 테두리로 쓸 기다란 나뭇가지도 찾아.

하얀 솜털 같은
억새로 꾸며도
정말 예쁠 것 같아!

잎이 달린 잔가지는 잘라 내고
아래쪽 가지만 다듬어 써.
칼로 나무껍질을 벗기거나, 가지를
불에 달구면 나뭇가지가 더 부드러워져.

좋은 꿈 꾸게 해 주는 드림캐처 만들기

들과 강가에서 모아 온 풀과 나뭇가지로 드림캐처를 만들어 보자.
손수 만든 드림캐처를 방에 달아 두고 날마다 좋은 꿈만 꾸길 바라.

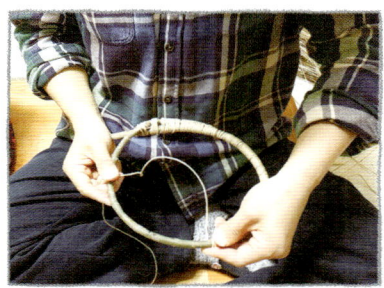

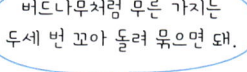

버드나무처럼 무른 가지는 두세 번 꼬아 돌려 묶으면 돼.

매듭 묶게 좀 잡아 줘!

먼저 테두리를 만들어. 나뭇가지를 둥글게 말아서 풀리지 않게 끈으로 돌돌 감아 묶어.

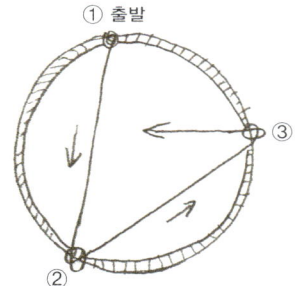

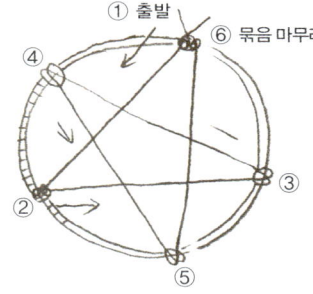

이제 별 모양 그물을 만들 거야.
끈으로 테두리 한쪽을 묶어.
끈을 화살표 방향과 숫자 차례대로 잇고, 흔들리지 않게 꼭 묶어.

별 모양이 다 만들어지면 처음 매듭을 시작한 쪽에서 마지막 매듭을 지어.

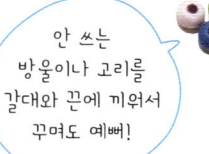

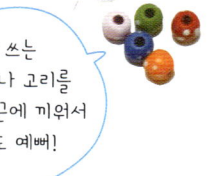

안 쓰는 방울이나 고리를 갈대와 끈에 끼워서 꾸며도 예뻐!

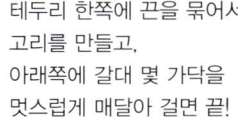

테두리 한쪽에 끈을 묶어서 고리를 만들고,
아래쪽에 갈대 몇 가닥을 멋스럽게 매달아 걸면 끝!

겨울 | 겨울나무

흔들개비

살랑살랑 바람에 흔들흔들 움직이는
흔들개비를 떠올려 봐.
흔들개비가 빙그르르 돌며
춤추듯 살랑이면 덩달아 흥이 나.

흔들개비 재료를 찾아서!

곧게 뻗은 나뭇가지랑 흔들개비에 매달 만한
잎과 열매를 찾아봐.

감나무 가지
탱자나무 가지
긴 나뭇가지
탱자
찔레 열매
솔가지
솔방울
은행잎

흔들개비 장식을 만들어 보자

나뭇가지에 장식을 매달 끈을 준비해.
장식물 하나하나를 매달기 쉽도록 손질해.

여기 이 종이 끈도 써 봐!

끈을 넉넉하게 준비해.
알록달록한 종이 끈이나
털실을 써도 좋아.

나뭇가지를
두 번 꺾어서
세모 모양을
두 개 만들어.

세모로 만든 나뭇가지
두 개를 포개서
별을 만들어.

초록 솔잎에
빨간 리본을
묶어.

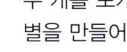

탱자 열매에
마끈을 돌돌
감아 꾸며 봐.

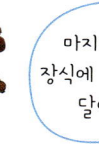

은행잎이랑
찔레 열매는
끝부분을 실로 묶어.

마지막엔 장식에 긴 끈을 달아.

나뭇가지에 흔들개비 장식을 달자

저마다 달고 싶은 장식 재료를 준비해서
식구들이랑 함께 만들어 봐. 끈 길이를 맞춰 달아도 좋고,
들쑥날쑥 내키는 대로 달아도 예뻐.

장식이 달린 끈을
긴 나뭇가지에다 묶어.
어느 한쪽으로
치우치지 않게 중심을
잡은 다음에
매듭을 꽉 지어.

이쯤이 좋겠어!

가지 아래에다 또 다른 가지를
매달고 줄줄이 장식을 달아.

탱자나무 가지

탱자

남은 나뭇가지에
종이 끈을 칭칭 감고
장식을 달아.

멋지지?

흔들개비
그림자도
예쁘네.

겨울 | 겨울나무

한지 등

추운 겨울날 은은한 등불을 켜 놓으면
마음까지 따뜻해져. 한지와 나뭇가지로
마음까지 밝혀 줄 등불을 만들어 보자.
온 식구들 모여서 도란도란 이야기도 나눠 봐.

한지와 나뭇가지로 등갓을 만들자

한지는 얇아서 불빛이 잘 비치고,
질겨서 등을 만들기에 좋아.
등갓을 만들 나뭇가지는 단단한 걸로 골라.

꼿꼿하고 잘 부러지지 않는 소나무 가지가 좋겠어.

흰색 한지를 바르면 은은하니 좋겠다!

뼈대 만들기

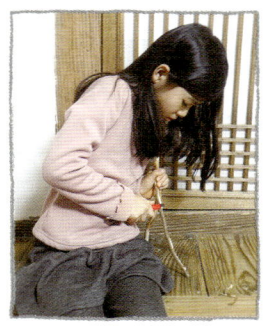

거칠거칠한 소나무 껍질을
칼로 벗겨 내. 껍질을 매끈하게
벗기면 풀이 잘 먹고
한지가 잘 붙어.

등 모양에 맞춰
가지를 자르고 맞닿는
가지는 끈으로 묶어.
삼각 또는 사각 모양으로
아랫면과 윗면을 만들어.

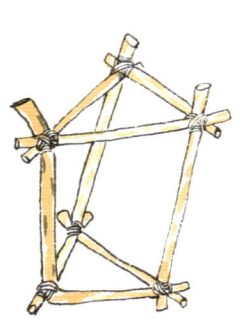

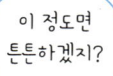

아랫면 윗면에
맞춰서
기둥을 세우고
끈으로 묶어.

이 정도면 튼튼하겠지?

한지 바르기

뼈대 폭에 맞게 가위로 한지를 오려!

나무 뼈대에 풀을 골고루 바르고 한지를 붙여.

등이 들어갈 구멍을 남겨 놓고 팽팽하게 감싸.

"이제 전구에 달아 볼까?"
전구에 묶을 수 있게 위쪽 모서리마다 끈을 달아.

등갓 꾸미기

하얀 한지에 그림을 그려 넣고 불을 밝히면 더 고운 빛이 번지겠지?

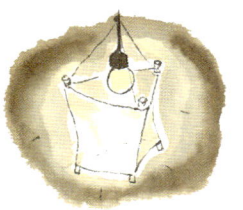

불을 켰을 때 색색 빛이 번지도록 마음껏 그리고 색칠해 봐.

붓   물감

"한지가 부드럽고 매끈해서 그림이 잘 그려져."

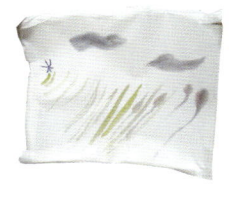

등불을 밝혀 보자

따뜻한 불빛 앞에서 식구들하고 도란도란 이야기도 나누고 소원도 빌어 봐.

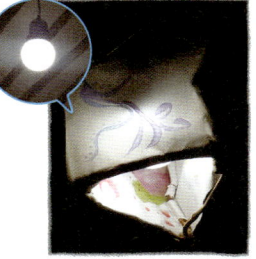
전구에 등갓을 다니 은은한 불빛에 집도 아늑해졌어.

작은 초에 불을 붙이고 등갓을 씌우니 노란 불빛이 따뜻하게 번져.

"촛불 켜니까 소원 빌고 싶어지네."

"모두 아프지 말고 오래오래 행복했으면 좋겠어."

겨울 | 새해맞이

불글씨

새해를 맞이하며 이루고 싶은
소망을 떠올려 봐.
마른풀과 나뭇가지로 불글씨를 만들어
새해 소망을 빌어 보자.

마른풀과 나뭇가지로 만든 불글씨

마른풀과 나뭇가지를 모아 글씨를 만들어 태우며
새해 소원을 빌어 봐.

지난가을 말라 버린 채 겨울을 나는
마른풀과 나뭇가지들을 조금씩 모아.

"한겨울에도 갈대가 남아 있네."

"솔잎이랑 긴 나뭇가지도 찾았어!"

"불이 번질 수도 있어 위험하니까 꼭 흙바닥이나 포장 된 길에서 하고, 어른들이랑 같이 해야 돼."

"그런데 금방 사그라들어서 좀 아쉽다."

풀과 나뭇가지로 글씨를 만들어.

우리는 '꿈'이라는
글씨를 써 보았어.

글씨 위에 불을 놓으면 글씨를
따라 불이 붙어서 불글씨가 돼.

새해 소망을 담은 불글씨 만들기

철사로 글자 틀을 만들면 더 오래 타는 불글씨를 만들 수 있어.
불글씨 놀이는 밤에 하면 더 멋져.
불글씨 태우며 소원을 빌어 봐.

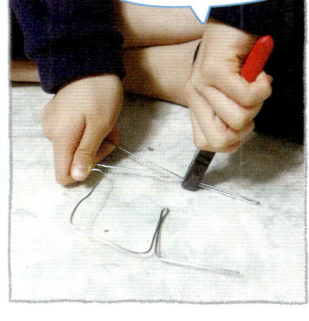

가는 철사로 하니까 잘 휘어서 만들기 쉽다!

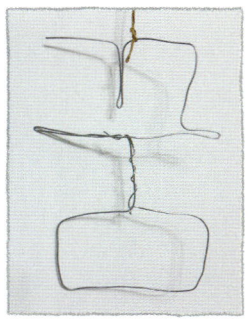

펜치로 철사를 구부려서 글자나 모양을 만들어.

글자가 끊어지지 않게 잘 감아서 만들어.

철사로 만든 글자를 마른 짚으로 둘둘 말아 덧대고, 겉을 지푸라기로 꽁꽁 동여매. 마끈으로 하면 더 단단히 묶을 수 있어.

하트 모양도 만들었어.

기둥 사이에 철사 줄을 잇고, 줄에 글씨를 매달아 불을 붙여. 글씨 위에 기름을 살짝 바르면 더 잘 타올라.

위험하니까 꼭 안전한 곳에서 해.

겨울 | 새해맞이

새해 소망

한 해를 시작하며 꼭 이루고 싶은 소망을
정성스럽게 적어서 나무에 달아 보자.
뚝딱뚝딱 나뭇가지 잘라서
솟대와 장승도 만들어.

나무야 나무야, 내 소원 들어줘

헝겊에 소원을 적어서 나무에 매달아 소원나무를 만들어.
꼭 이루고 싶은 마음을 담아 한 자 한 자 정성껏 적어 봐.

헝겊을 길게 잘라서 매직이나
네임펜으로 소원을 써.

우리 식구들이
건강하고 행복하게
해 주세요.

내 동생 다리가
얼른 낫게
해 주세요.

선생님이
숙제 조금만
내게
해 주세요.

소원을 적은 헝겊을
나뭇가지에다 묶어.
꼭 이루어지면 좋겠다!

130

풍년을 기리는 새, 솟대

옛날부터 농촌에서는 음력 12월 무렵에 새해의 풍년을 기리며 솟대를 만들었어.
장대에다 볍씨 주머니를 높이 매달아 세웠지.
우리도 올해 농사 잘되게 해 달라고 솟대를 만들어 보자.

동그란 나무토막에 작은 구멍을
파서 목공풀을 바른 다음
구멍에 긴 나뭇가지를 꽂아.

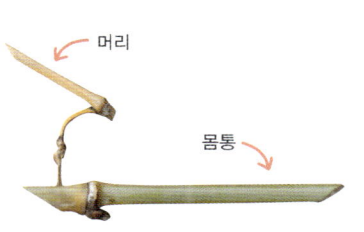

와이(Y) 자 모양으로 된
나뭇가지를 잘라 새 머리를 만들어.
나뭇가지를 잘라 작은 구멍을 내고
새 머리를 꽂아.

긴 나뭇가지 끝에다
나무로 만든 새를 꽂아.

우리를 지켜 줄 꼬마 장승

장승은 마을 들머리에 서서 마을을 지켜 줘.
우리를 지켜 줄 꼬마 장승을 만들어서
늘 가지고 다녀 봐.

조금 굵은 나무토막을
20센티미터 길이로 잘라.
눈과 입, 글씨를 쓸
배 부분을 조각칼로 파내.

눈 자리에 목공풀로
검은 콩알을 붙여.

동그란 나무토막에 장승 몸통을
붙이고 머리 위에
작은 나무토막을 붙이면
장승 만들기 끝.

겨울 | 새해맞이

윷놀이

옛날부터 설이나 정월대보름에
윷놀이를 하며 한 해 풍년을 기원했어.
윷가락과 윷말, 윷판만 있으면 돼.
나무토막으로 윷가락을 만들어 볼까?

윷놀이 재료를 찾아

윷가락으로 쓸 나무와 윷말로 쓸 만한 열매를 주워.

윷가락은 곧게 뻗은 나뭇가지로 만들어야 해.
곧게 자란 나무를 찾아 톱으로 조심조심 잘라.

도토리깍정이랑 마른 산수유를
네 개씩 주웠어. 윷말로 쓸 거야.

도토리는 윷판에서
데굴데굴 구르니까
깍정이만 떼어 내서 써.

반달 기둥 모양 윷가락을 만들어

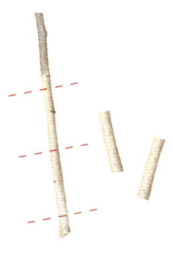

길이가 똑같은
나무토막 두 개를
준비해.

나무토막을 길게
세우고 윗면 가운데에
칼날을 맞추고 힘을 줘.

칼등을 망치로 툭툭
치면 나무가 반달 기둥
모양으로 쩍 갈라져.

똑같이 생긴 윷가락을
네 개 만들고 둥근 쪽에
가위표를 그려 넣어.

윷판을 만들어 윷놀이를 하자

동그라미 스물아홉 개를 네모와 대각선 위에 그려.
가운데 동그라미는 북극성이고,
나머지 둘레는 별자리를 뜻해. 작은 우주에
별들을 그려 넣고, 별 위를 달려 봐.

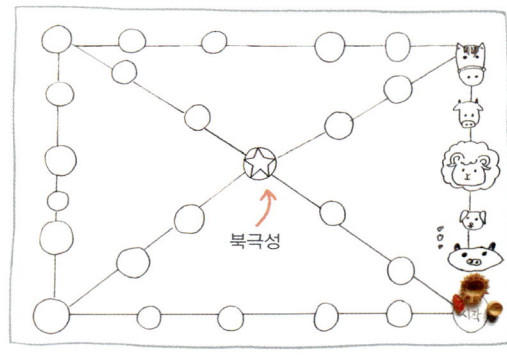

① 가위바위보로 차례를 정하고
돌아가면서 윷가락을 던져.
도, 개, 걸, 윷, 모 끗수에
맞춰 말을 움직여.

② 한 개만 뒤집어지면 도,
모두 뒤집어지면 윷,
모두 엎어지면 모야.
윷이나 모가 나오거나
다른 사람 말을 잡으면
한 번 더 던져.

도개걸윷모는 집짐승을 뜻한다고 해서 윷판에
돼지, 개, 양 들을 그려 넣었어. 집짐승들 걸음나비나
빠르기에 따라 정했다나 봐.

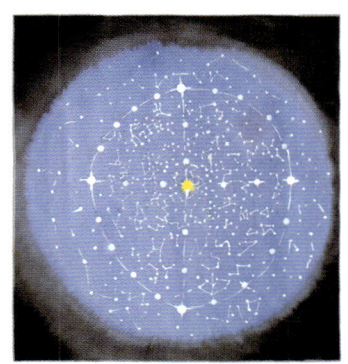

③ 다른 사람 말이 뒤따라오면
얼른 도망가야 해. 잡고
잡히는 게 윷놀이의 재미야.

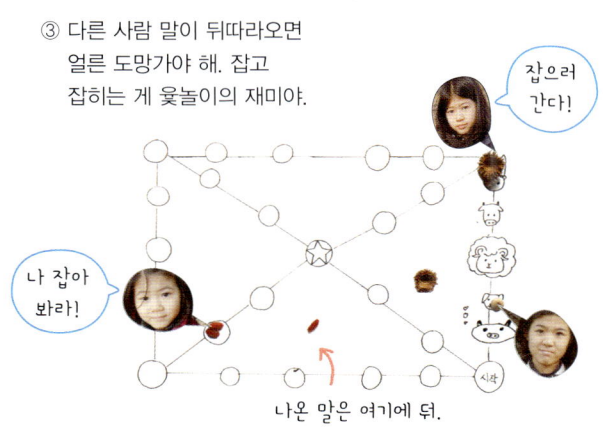

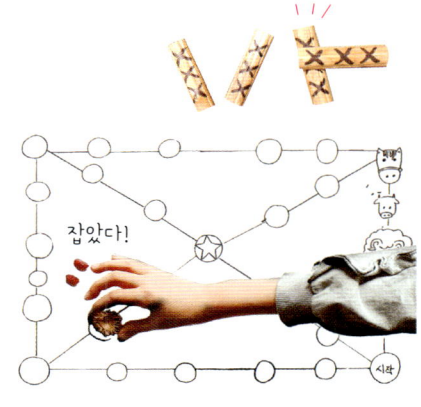

④ 가진 말 모두가 시작점에
먼저 오는 사람이 이겨.

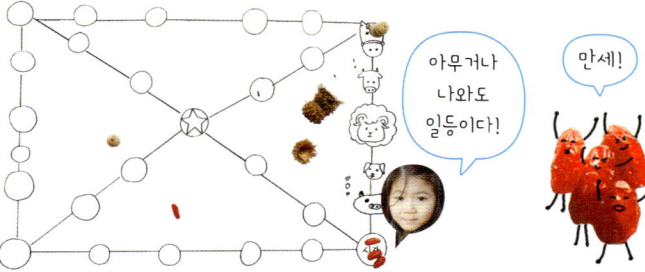

133

겨울 | 새해맞이

오방색 당의

당의는 여자들이 한복 저고리 위에 입는 겉옷이야.
설을 맞이하며 우리 전통색인
오방색으로 꾸민 당의를 만들어 보자.
천은 없어도 돼. 한지로 만들 거거든.

우리나라 전통색, 오방색

우리나라 사람들은 오방색이 우주를 담은 색이라고 여겼어.
동서남북과 가운데를 나타낸 파랑 흰색 빨강 검정 노랑,
다섯 가지 색과, 오방색을 뜻하는
신화 속 동물도 있지.

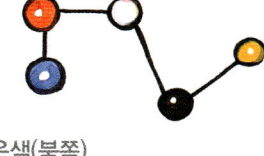

검은색(북쪽)
겨울, 물을 뜻해.

현무

흰색(서쪽)
가을, 쇠를 뜻해.
백호

황룡

노란색(가운데)
우주의 중심,
흙을 뜻해.

청룡
파란색(동쪽)
봄, 나무를 뜻해.

빨간색(남쪽)
여름, 불을 뜻해.
주작

오방색 당의 만들기

팔레트
물감
한지
붓

커다란 한지를 반으로 접어서
자기 몸 크기만큼 따라 그린 다음
오려 줘.

목 부분도 오려 내서
머리가 들어가게 해.

오방색으로 예쁘게 색칠해.

좋아하는 무늬를 그려 넣어도 돼.

허리띠도
길게 잘라서 색칠해 줘.

135

겨울 | 봄을 품은 겨울

얼음보석

겨울에도 푸른빛을 잃지 않는 풀과 나무,
추위를 이기고 피어나는 꽃이 있어.
나뭇잎이랑 꽃송이를 넣고 얼려서
반짝반짝 빛나는 얼음보석을 만들어 봐.

겨울 바깥나들이를 가 보자

몸이 덜덜 떨리고 손발이 시리지만 꽁꽁 싸매고 바깥으로 나가 봐.
너무 추워서 나뭇잎이랑 꽃, 열매 모두 떨어지고 없을 줄 알았는데,
아니더라고!

어찌나 추운지 바위틈에 고여 있던 물에 살얼음이 얼었어.

으으, 손 시려! 그래도 햇빛에 빛나는 얼음은 참 예뻐.

이것 봐! 이 추위에도 꽃이 피었어!

동백나무는 겨울에도 잎이 지지 않고, 붉은 꽃이 탐스럽게 피지.

동백꽃

둘레를 자세히 살펴보면 겨울에도 지지 않고 고운 색을 뽐내는 열매와 이파리, 풀 들을 찾을 수 있어.

얼음으로 얼리면 보석처럼 반짝반짝 빛나지 않을까?

꽁꽁 얼려서 만드는 반짝반짝 얼음보석

잎이랑 꽃, 열매, 씨 들을 골고루 모아
물을 붓고 얼리면 멋진 장식품이야.

작은 그릇
모양 틀
물

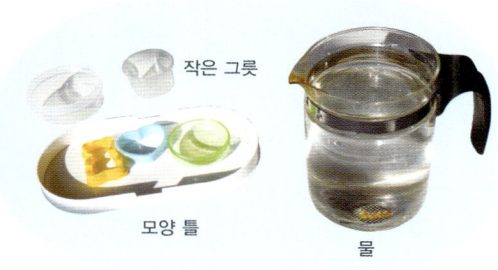

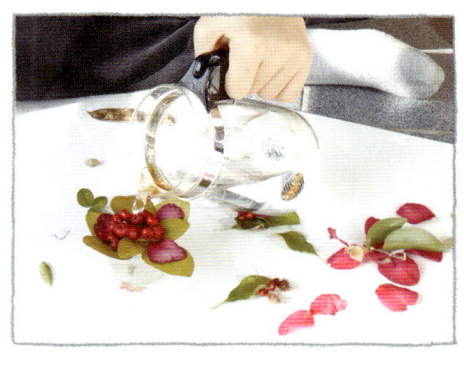

유리그릇은 얼면 깨질 수 있으니 쓰지 않는 게 좋아.

그릇과 모양 틀에 꽃과 이파리를 예쁘게 담아.
그 위에 물을 붓고 냉동실에 넣거나
추운 날은 바깥에 내놓고 얼려.

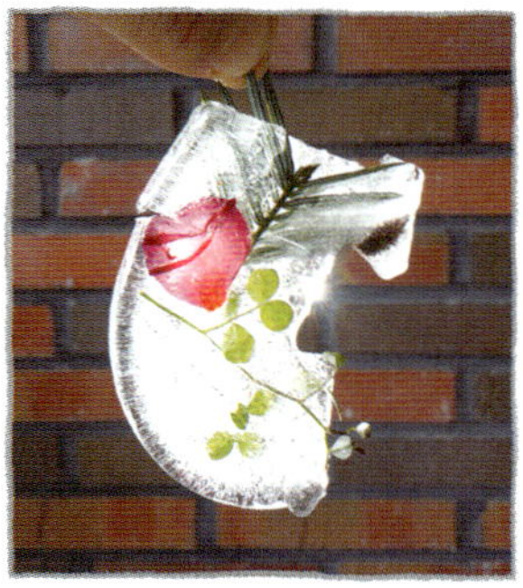

얼음을 그릇과 틀에서 떼어 내.
꽁꽁 얼어서 잘 안 떨어지면
살짝 녹인 뒤 떼면 돼.

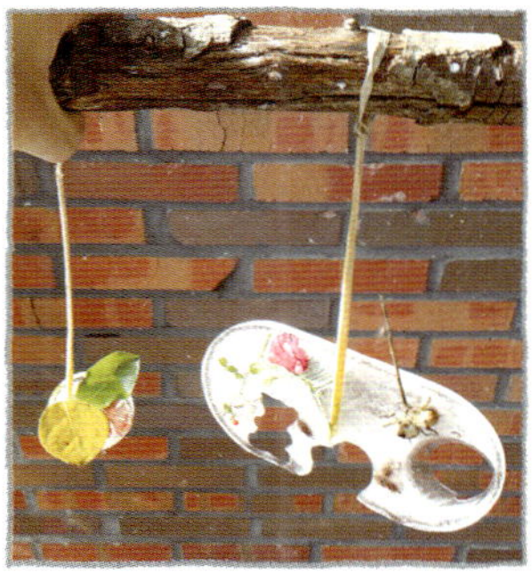

얼음보석을 나무에 매달면
멋진 흔들개비가 되지!

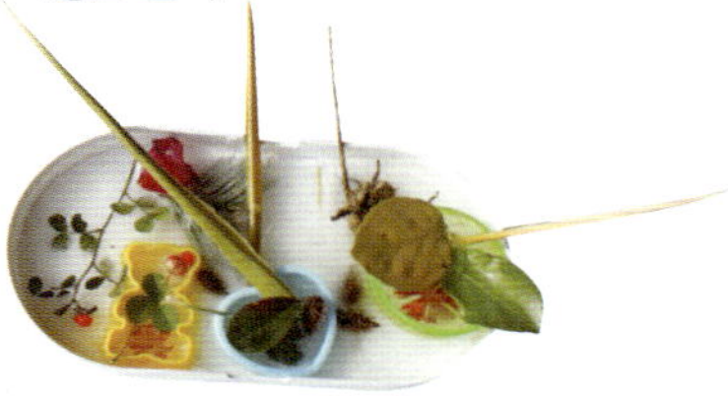

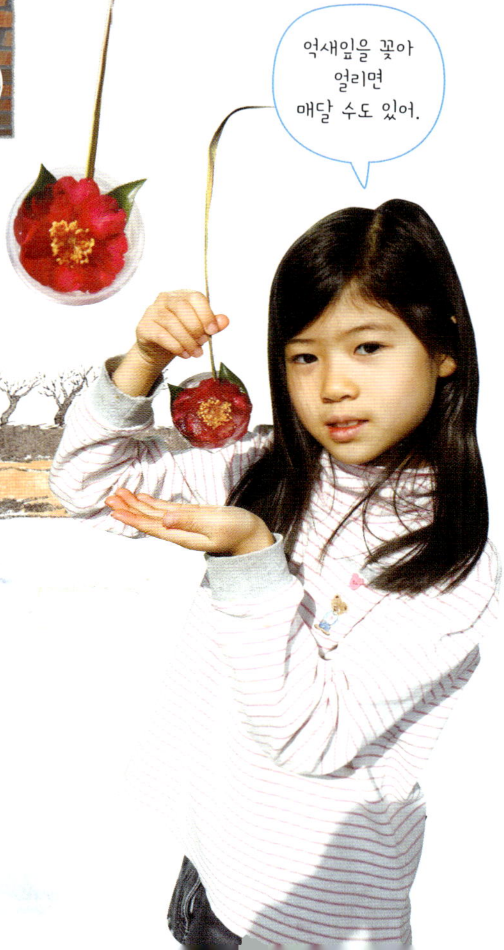
억새잎을 꽂아
얼리면
매달 수도 있어.

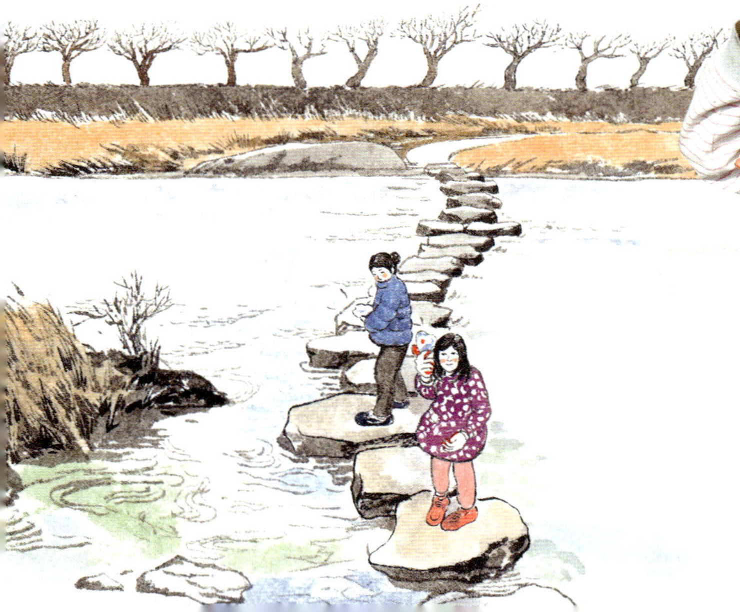

겨울 | 봄을 품은 겨울

겨울 속에 숨은 봄

겨울이 깊어질수록 봄이 가까이 온 거야.
동네 곳곳에 숨은 봄을 만나 볼까?
추위를 견디며 남아 있는 열매들과
봄을 기다리는 풀과 꽃잎들을 그려 보자.

겨우내 숨어 있던 꽃과 열매를 찾아봐

동네 구석구석에 어떤 꽃과 열매가
숨어 있을까?

봄 찾으러 가 보자!

내 옷에 뭐가 붙었어.

여기에도 뭐가 있어!

풀숲에 숨어 있던
도깨비바늘 열매야.
뾰족뾰족해서 동물 털이나
옷에 잘 붙어.

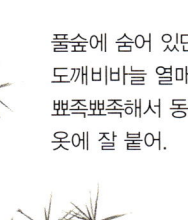

비파나무잎이랑 꽃봉오리야.
비파나무꽃은 11월에 피는데
피다 만 게 몇 개 남아 있어.

잎이 떨어진 무화과나무에는
무화과가 말라붙어 있어.

남천나무 열매야. 알알이
달린 빨간 열매가 참 예쁘지?
남천나무는 겨울에도 잘 자라.

마음껏 꾸미고 그려 봐

풀숲에서 찾아낸 꽃과 열매들을 모아 놓고
떠오르는 대로 마음껏 그리고 꾸며 봐.

무화과 가운데를 꾹 눌러서
남천나무 열매를 담고 초록 잎을 꽂아서
컵케이크를 만들었어.

풀과 열매를 모아 얼굴을 만들었어.
웃고 있는 것 같지?

비파나무꽃과 잎을
보고 그렸어.

문수는 도깨비바늘을 보고
도깨비가 생각나서 도깨비를 그렸지.

마을생태지도
마을길에서 큰 그림
나무 문패
새집
천시놀이
빙고놀이 / 나무도깨비
찰흙 소꿉놀이
찰흙 흙물감
틀에 그린 그림
돌로 만들기
돌멩이로 그린 그림
석등

사계절 내내 하는 자연미술놀이

사계절 | 마을

마을생태지도

학교 갈 때나 동무하고 뛰어놀 때,
잠깐 길을 멈추고 둘러봐.
온갖 생명이 우리와 함께 살아가.
마을 곳곳을 둘러보며 생태지도를 만들어 보자.

어디어디 뭐가 사나 볼까?

강에는 우렁이, 마을 뒤에는 상수리나무 숲.
마을 길 끝에는 수달 보호구역. 마을을 걸으며
구석구석 무엇이 살고 있는지 살펴봐.

벼는 쑥쑥 자라고
나는 열심히
거미줄 치고!

논에 푸른 벼가 자라고 있어.
가을이면 누렇게 익어서
낟알을 거둘 수 있겠지?

덜 익은
상수리는
초록색.

탐스럽게 열린 호박도 찾았다!
먼저 사진으로 담아 놓자.

아까시나무잎이랑
자리공도 땄어.

물 흐르는 수로와 강에서
찾은 우렁이.

마을에 사는 동식물이 한눈에 쏙 들어오는 마을생태지도

마을 길에서 만난 동식물을 떠올리며 생태지도를 만들어.
찍어 놓은 사진이랑 주워 온 풀과 나뭇잎을 보며 그려 봐.

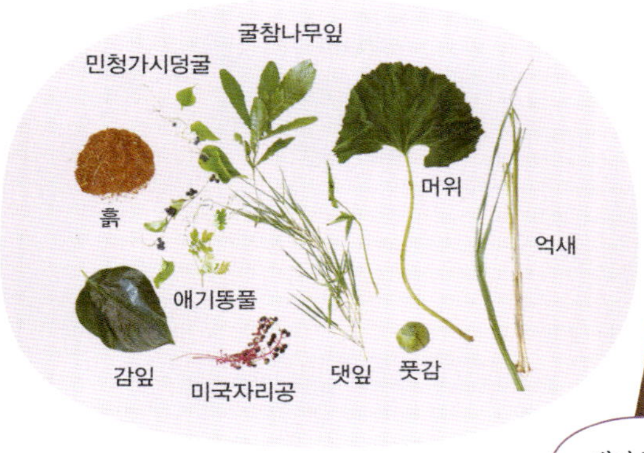

민청가시덩굴 / 굴참나무잎 / 머위 / 억새 / 흙 / 애기똥풀 / 감잎 / 미국자리공 / 댓잎 / 풋감

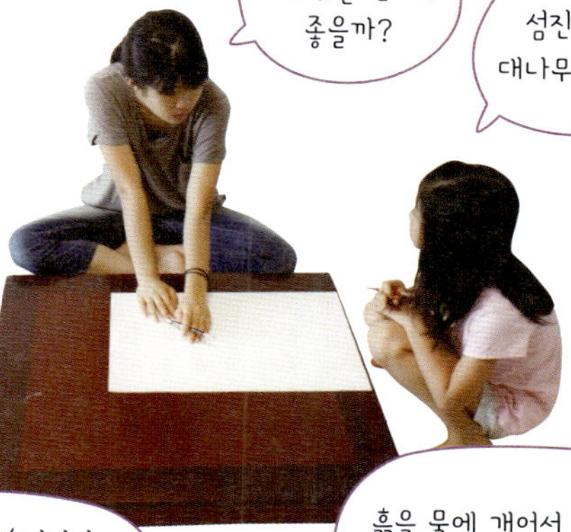

"마을생태지도에 어떤 곳을 담으면 좋을까?"
"섬진강이랑 대나무 숲……."

"대나무 숲이니까 댓잎을 붙여야지!"
"흙을 물에 개어서 길을 칠했어."

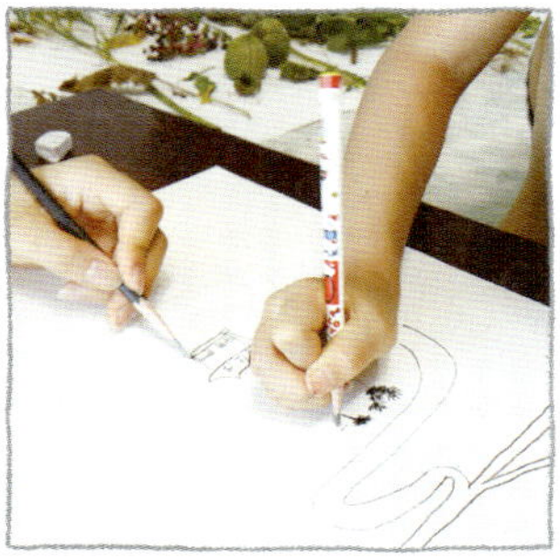

마을 길을 되새기며 종이에 마을 지도를 그려.

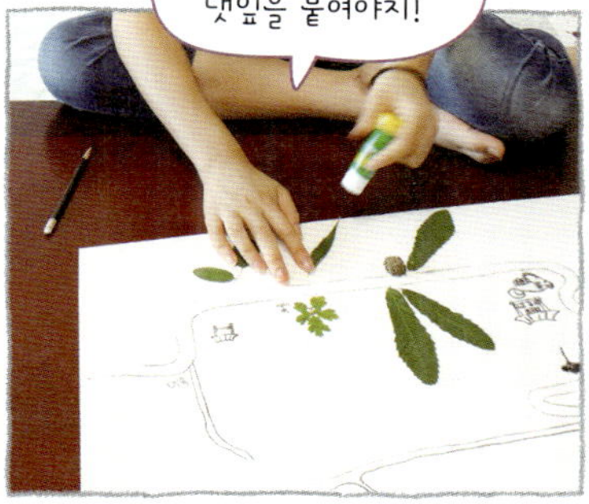

곳곳마다 생태가 잘 드러나도록 이파리나 열매 따위를 붙여.

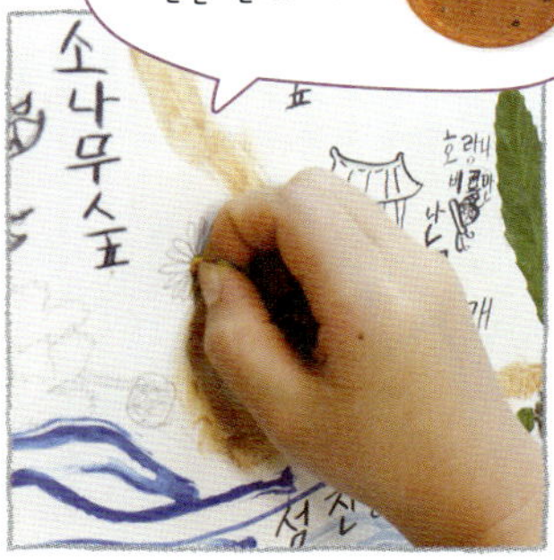

물감이나 흙물, 풀물로 색칠해서 마무리해.

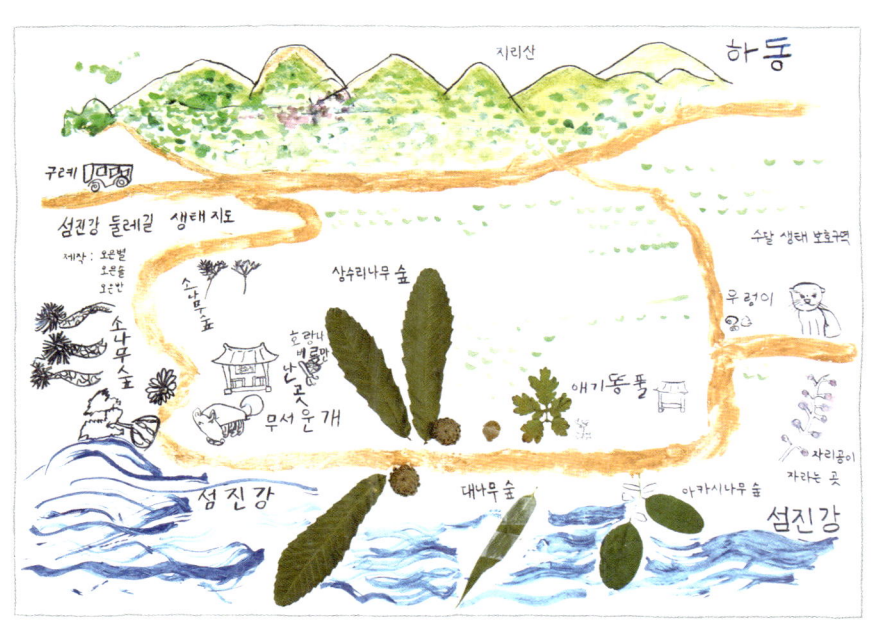

사계절 | 마을

마을 길에 그린 그림

늘 지나던 길이라도 천천히 걸으며 살펴보면
미처 보지 못했던 것을 찾아낼 수 있어.
우리가 날마다 지나는 길 곳곳에
목탄으로 흔적을 남기며 걸어 보자.

천천히 걸으며 찬찬히 살펴봐

목탄이나 숯처럼 비가 오면
잘 씻기는 재료들을 들고 길을 나서자.
둘레에 보이거나 생각나는 것들을
길 곳곳에 그림으로 남겨 봐.

길가에 자라난 토끼풀들을 그렸어.

냇가에 올 때마다 건너는 돌다리에도 흔적을 남겨 볼까?

냇가에 사는 물고기들을 그려야지!

돌다리 지나서 바로 나오는 계단에는 큰 나무를 그렸어.

그림 자국 따라 또 거닐고 싶은 길

벚꽃 만발한 벚나무, 길가에 쌓인 땔나무,
담장 위에 얹힌 기와도 모두 재미난 그림판이야.
하룻밤, 이틀 밤 지나고, 우리 그림이 아직 남아 있을까?
궁금해서 또 가 보고 싶어질걸?

나무 몸통에 앙증맞게
피어난 벚꽃이 정말 예뻐!
나무에 대고 그림을 그려 보았지.

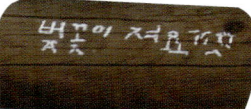

마을 길 걸으며 떠오르는
생각을 글로 적어 봐도 좋아.

와, 벚꽃이 활짝 폈어!

담장 위에도 쓱쓱!

섬진강가 우리 마을에 오면 내가 그린 오리들을 찾아봐!

엄마, 같이 가요!

길가에 쌓인 땔나무에서도 그림들을 찾아봐!

사계절 | 마을

나무 문패

그 집에 사는 사람 이름을 새겨서 대문에 붙여 놓은 판을 문패라고 해. 마을을 돌아다니며 주운 나뭇가지와 널빤지로 문패를 만들어 보자.

널빤지랑 나뭇가지 찾으러 출발!

강가에 나가니 떠내려온 나뭇가지와 마른풀들이 많아. 나뭇가지를 주워다 문패를 만들어 보자.

긴 막대기도 여러 개 주웠지.

버려진 널빤지를 주웠어.

널빤지에 나뭇가지를 붙여 모양을 만들어

주워 온 널빤지를 깨끗하게 손질해. 집에 못 쓰는 나무 도마나 빨래판이 있으면 그걸로 만들어도 돼.

접착제를 바를 때 쓰는 글루건이야. 손 데지 않게 조심조심!

널빤지에 나뭇가지들을 붙여 꾸며 줘.

사계절 | 마을

새집

텃새와 철새들이 와서 쉴 수 있는
보금자리가 있으면 좋겠어.
나뭇조각들을 모아서
아늑한 새집을 만들어 볼까?

새집 재료를 찾아보자!

나무 밑에 떨어진 나뭇가지와 나무껍질을 찾아봐.

소나무 껍질, 나뭇가지, 마른 솔잎

소나무 껍질을
손으로 살살 떼어 내.
떨어진 나무껍질을
주워도 돼.

튼튼하고 포근한
집을 지어 줘.

그루터기에
이끼 낀 나무껍질과
솔잎도 주워.

바람에도 끄떡없는 새집 틀을 만들자

길이가 비슷한 나뭇가지들을
마끈으로 가지런히 엮어.

조금 더 두꺼운 나뭇가지로
뗏목 모양을 만들어.
모두 세 묶음을 만들 거야.

다 만든 나뭇가지 묶음을 세모
모양으로 맞대어 새집 틀을 잡아.

나무껍질로 너와 지붕을 얹자

얇은 나뭇조각이나 돌 조각으로 지붕을 올린 집을 너와집이라고 해.
새들의 보금자리 너와집을 만들자.

빗물이 새어 들지 않고 지붕을 타고 흐르도록 처마 끝에서부터 목공풀로 나무껍질을 붙여 줘.

지붕 꼭대기(용마루)에 나무껍질을 꼼꼼히 붙여.

새집 안에 마른 솔잎과 낙엽을 깔아 아늑하게 꾸며 줘.

물감으로 알록달록 칠하면 더 예뻐.

사계절 | 마을

착시 놀이

눈으로 보는 모습이 실제 모습과
달라지는 걸 '착시'라고 하는데
이걸로 신기한 놀이를 할 수 있지.
사진으로 찍어 보면 더 재밌어.

착시에 상상을 더하면 재미난 놀이야
무엇이든 번쩍 들어 올리는 천하장사도 되고,
한 손에 쏙 들어오는 작은 요정이나 몸이 아주 큰 거인도 될 수 있어.

땅에 누워서 하늘로
다리를 들어 올리면 하늘을
걷는 기분이 들어.

구름 들고 있는 거 보여?

구름으로 손을 뻗은 동무가 앞에 서고.
내 눈높이를 잘 맞추면 손에 구름을
받치고 있는 것처럼 보여!

헤헤, 부처님 같지?

해를 머리 뒤에 두면
후광이 비치는 것 같은
멋진 효과를 낼 수 있어.

돌다리를 들어 보겠어, 얍!

다리 같은 건축물에 손을 잘 맞춰서 보면
큰 건물을 손으로 들고 있는 것처럼 보여.

힘을 너무 많이 썼나? 목 좀 축여야지.

물이 흐르는 곳에 입을 벌려서
눈높이를 맞춰 봐.

진짜 똥 누는 것처럼 끙차!

생생한 연기까지 더하면
훨씬 재미있어!

여럿이 놀면 더 재밌는 이야기가 술술술!

착시 놀이를 할 때는 사진을 찍어 두면 좋아. 사진을 볼 때마다 신기하고 재미있거든. 동무나 식구들하고 함께한 소중한 시간들을 오랫동안 간직할 수도 있고 말이지.

사계절 | 숲

빙고 놀이

나뭇가지로 칸을 만들고
꽃잎, 나뭇잎, 열매로 빈칸을 채워.
이름을 알아야 이길 수 있는
숲속 빙고 놀이, 지금 시작해 볼까?

준비부터 남다른 숲속 빙고 놀이

땅바닥을 종이 삼아 나뭇가지로 선을 이어 빙고 놀이를 해 보자.

가늘고 곧은 나뭇가지를 주워.

평평한 땅에 나뭇가지로 네모 틀을 만들어.

나뭇가지를 포개어 가로세로 세 칸짜리 빙고판을 만들어.

떨어진 꽃잎이나 익어 가는 열매, 색색깔 나뭇잎도 주워 모아.

단풍 씨앗

노랗게 물들었어.

벚나무잎

참깨

수수

단풍 씨앗은 반으로 쪼개어 날리면 날개가 핑그르르 돌아가!

152

빙고 놀이, 시작!

숲속 빙고 놀이는 빙고 칸에 들어갈
식물 이름을 알아야 즐길 수 있어.
내가 주운 게 무엇인지 자세히 살피고,
알아 가는 재미도 느낄 수 있지.

빙그판 칸마다 주운 식물을 놔.

빙고판이 서로 안 보이게 등을 돌리고 준비해.

솔이 빙고 판

별이 빙고 판

이긴 사람은 자기 빙고판에서 하나를 빼. 반드시 이름을 외치고
빼야 해. 상대방은 같은 게 있으면 뺄 수 있어

빈자리 세 개가 일직선이 되면 '빙고!' 하고 외쳐.
두 줄 빙고를 먼저 외친 사람이 이기는 거야!

사계절 | 숲

나무도깨비

숲에 들어서면 바람이 귀를 간질이고
속닥속닥 말을 걸어오는 것 같아.
숲에 사는 나무도깨비가 놀자고 하나?
진흙을 붙여서 나무 도깨비를 만들어 보자.

숲에 사는 나무도깨비 만나러 가는 길!

숲에 사는 도깨비는 어떻게 생겼을까?
숲을 지키는 나무도깨비를 만나러 가 보자.

흙으로 도깨비 얼굴을 만들 거야.
둘레에서 진흙과 마른 흙을 퍼 와.

가랑잎과 가느다란 풀,
도깨비 얼굴을 꾸밀 작은 돌멩이도 주웠어.

이걸로 도깨비 얼굴을 꾸며 보면 어때?

흙으로 도깨비 얼굴을 반죽해

진흙과 마른 흙을 바가지에 담고 섞어 줘.
반죽이 푸석푸석하면 물을 더 붓고,
질퍽하면 흙을 더 넣어.

흙

물

나뭇잎과 열매

반죽이 너무 질퍽하면 얼굴이 금방 흘러내려.

주물럭

주물럭

쫀득쫀득 흙반죽 완성!

154

반죽한 도깨비 얼굴을 나무에 붙여

나무에 흙반죽을 올리고 손바닥으로 꾹꾹 눌러 줘.

기울어진 나무에 얼굴을 붙이면 찰싹 붙어서 오랫동안 안 떨어져.

흙반죽을 꼬집고 누르고, 반죽을 더 올려서 도깨비 얼굴을 빚어 봐.

어? 도깨비 얼굴이 점점 나를 닮아 가네.

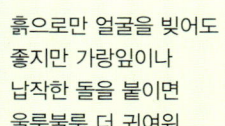

나무도깨비 완성! 도깨비 나와라 뚝딱!

흙으로만 얼굴을 빚어도 좋지만 가랑잎이나 납작한 돌을 붙이면 울룩불룩 더 귀여워.

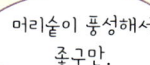

머리숱이 풍성해서 좋구만.

친구들아! 오랜만이야!

155

사계절 | 흙

찰흙 소꿉놀이

고운 흙 퍼다가 조물조물 빚어 보자.
흙으로는 못 만드는 게 없지.
다 놀고 나서 있던 자리에 갖다 놓으면
그대로 자연으로 되돌아가.

조물조물 흙 빚어 놀아 보자

모래가 적은 고운 흙이 잘 뭉쳐지고, 빚기도 좋아.
겉흙보다는 속흙이 알갱이가 더 고와.
흙이 무너져 내린 둔덕에서 찾아봐.

바가지   여러 가지 삽   물

으악, 지렁이 살려!

알갱이가 고운 흙을 퍼 담아. 삽질할 때는
땅속 생물들이 다치지 않게 조심하자!

너무 큰 흙덩이는 조금씩 부숴 쓰면 돼.

요렇게 납작하게 빚어서 뭘 만들 거냐면 말이지……

물을 조금씩 나눠 부으며 찰기가 생기도록
반죽해. 물을 너무 많이 부으면 질어서
흙이 안 뭉쳐져.

흙을 빚어서 만들어

흙을 다 빚었으면 만들고 싶은 걸 만들어 봐.
동물이나 사람을 만들 수도 있고,
나뭇가지를 꽂아서 작은 집도 만들수 있지.
옹기종기 모여 소꿉놀이도 해.

내 수영 봐라, 멋지지?

눈을 크게 뜨고서 지켜 주겠어!

나뭇가지나 나뭇잎을 써서 꾸며도 좋지!

나뭇가지에 흙덩이를 꽂아 만든 아령이야. 운동 좀 해 볼까? 흐이짜!

흙으로 차린 푸짐한 밥상. 이거 먹고 힘내!

나뭇가지로 뼈대를 세우고 흙을 발라 집을 만들어. 흙벽을 도톰하게 해야 집이 무너지지 않아.

그 뼈다귀 맛있겠다. 한입만!

흙과 나뭇가지로 튼튼하게 만든 집 완성!

사계절 | 흙

흙물감

흙은 있는 곳에 따라, 쓰임새에 따라
모양도 색도 저마다 달라.
여기저기 흩어져 있던 흙이
우리 손에서 멋진 작품이 되지.

빛깔이 다른 흙들을 찾아서!

물놀이하던 강가, 채소 심은 밭두렁,
공사가 끝난 공사장처럼 흙이 있는 곳에 가서
요리조리 살펴봐. 있는 곳에 따라
색깔도 다르고 만지는 느낌도, 굵기도 달라.

누런 흙길은 바퀴에
많이 짓눌려서 그런지
흙이 잘고 고와.

논바닥 깊은 곳에서 퍼낸
흙은 아주 기름지고
검은빛이 짙어.

밭 흙은
보들보들하고
촉촉해.

강모래는 희고
모래알이 거칠어!

공사장에는
자갈이 많아.
고운 흙만
골라 담아.

와! 붉은
흙이네!

황토로 집을
짓던 자리에
흙더미가
쌓여 있어.

흙을 곱게 갈아 흙물감을 만들어

퍼 온 흙을 한자리에 모아. 모아 두고 보니 정말 색이 다 다르지?
흙이 내는 색으로 물감을 만들어 그림을 그려 보자.

알갱이가 굵은 흙은
절구에 넣고 곱게 갈아.

곱게 간 흙에
물풀을 넣고
잘 개어 주면
찐득찐득한
흙물감이 돼.

흙물감 팔레트야. 풀을 넣어서 줄줄
흐르지도 않고 그림 그리기 딱 좋아.

흙물감으로 그린 우리 마을

깊은 땅속에 있던 흙은 높은 산이 되고,
강가와 공사장에서 퍼낸 흙은 구름이랑 바람이 되었어.

혜주가 그린 뾰족산과 구름.

서현이가 그린 놀이터.

흙물감이 똥색
같아서 똥을 그렸어.
사람 똥, 말똥, 개똥!

솔이가 그린
동물 발자국.

사계절 | 돌

돌에 그린 그림

울퉁불퉁 돌멩이부터 넓적한 돌까지
강가에는 여러 가지 모양 돌들이 많아.
저마다 다르게 생긴 돌에
먹으로 쓱쓱 멋진 그림을 그려 봐.

어떤 돌에 그림을 그릴까?

강가에서 그림 그리고 싶은 돌을 찾아봐.
납작한 돌도 좋고, 동글동글한 돌도 괜찮아.

강가에서 그림을 그리기
좋을 만한 돌을 찾아.

물에 들어가니 제법 큼직하고
넓적한 돌들이 많아.

난 여기에 그릴래.

어휴, 무거워.

여러 가지 모양 돌

먹물

뭘 그리지?

돌 모양을 찬찬히 들여다보고
어떤 그림을 그릴지 생각해 봐.

돌 위에 그림을 그리자

내가 주운 돌에는 어떤 모양이 숨어 있을까?
돌 모양에 어울리는 재미난 그림을 그려 봐.

세모난 돌을 보니 꼭
지느러미 솟은 물고기 같아.

오른쪽으로 비스듬히
기울어진 게 꼭 자동차 같아.

오른쪽 삐죽 나온 모습이
말 주둥이 같지.

어떤 모양이 딱! 떠오르지
않을 땐 그냥 그리고
싶은 걸 그려.

둥글넓적한 돌에는
얼굴에 먹물 낙서를 한
친구 얼굴을 그렸어.

친구가
내 얼굴에
그림을 그렸어.
어때? 히히.

사계절 | 돌

돌로 만들기

바위가 부서져 돌멩이가 되기까지
얼마나 오랜 시간, 얼마나 많은
물과 바람을 거쳐 왔을까?
돌 모양도 살펴보고 재미있는 놀이도 해 보자.

돌마다 생김새가 달라

골짜기에는 커다란 바윗돌, 둥글넓적한 돌,
동글동글 자갈돌, 여러 가지 돌들이 참 많아.
바닷가에 있는 돌들은 어떻게 생겼을까?

산에는 돌이 참 많아. 물이 흐르는 골짜기에는
큰 바윗돌도 있고 작은 자갈돌도 있어.

바다에 있는 돌은 산에 있는 돌보다 작아.
산에서 돌이 굴러 내려오면 깎여서 작아지거든.
또 파도에 부딪혀서 둥근 자갈돌이 되거나 모래가 돼.

여러 가지 돌을 찾아봐. 큰 돌, 작은 돌도 찾고
나뭇가지나 풀잎도 함께 찾아.

나뭇가지

여러 가지 돌

나뭇잎이나 풀

돌을 가지고 만들자!

바닷가나 산골짜기에 놀러 가서 돌 놀이를 해 봐. 다른 준비물이 없어도 그 자리에서 바로 할 수 있어.

돌 놀이를 할 돌을 한자리에 모아.

이 돌로 뭘 만들까?

납작한 돌을 바닥에 깔고 작은 돌을 올려서 쌓아. 동무와 한 사람씩 번갈아 가며 돌탑 쌓기 놀이를 해 봐. 돌을 먼저 무너뜨린 사람이 지는 거야.

바윗돌 위에 나뭇가지를 놓고 자갈돌을 놓으니 꼭 나무 같아.

네모난 큰 돌을 세워 놓고 물을 찍어 눈과 코를 그려. 위에는 작은 돌을 올렸더니 모자를 쓴 돌 사람이 되었어.

풀 줄기로 돌을 엮어 목걸이를 만들어 봐. 목에 걸기엔 좀 무거울 것 같지만 말이야.

사계절 | 돌

돌멩이로 그린 그림

물살이 센 강 바닥에 깔린 여울돌,
동글동글 돌멩이로는 무얼 만들까?
네모 길쭉 돌멩이로는 뭘 하면 좋을까?
모양도 색깔도 다른 돌멩이로 그림을 그리자.

재미나게 생긴 여울돌을 찾아봐

강이나 바다에 물살이 센 곳을 '여울'이라고 해.
여울 바닥에 깔린 돌을 '여울돌'이라고 하지.
크기와 모양이 저마다 다른 돌들을 찾아봐.

여울진 강가에는 오랫동안 물살에 깎여
동글동글한 돌이 참 많아.
얇고 납작한 돌은 물수제비뜨기 딱이야!

나는 더 큰 돌로 돌탑을 쌓아야지!

재미있게 생긴 돌들을 찾았어.

비슷해 보이는 돌들도 자세히 보면 모양과 무늬가 저마다 독특해.

내가 모은 돌 진짜 많지?

크고 작은 여러 가지 돌을 많이 모아 봐.

이 돌은 먹음직스런 빵 같아!

이건 콩시루떡!

돌로 그림을 그려 볼까?

돌을 쭉 늘어놓을 수 있는 평평하고 넓은 바닥이나 쟁반, 북, 무엇이든, 어디든, 도화지 삼아 돌을 얹어 그림을 그려 봐.

쟁반 가운데 하트 모양 돌을 놓고 작은 돌들로 채웠더니 멋진 그림이 됐어!

작은 돌로 눈, 코, 입을 만들어 앙증맞은 돌 인형 완성!

돌을 크기에 따라 나누고, 색다르게 생긴 것도 골라내.

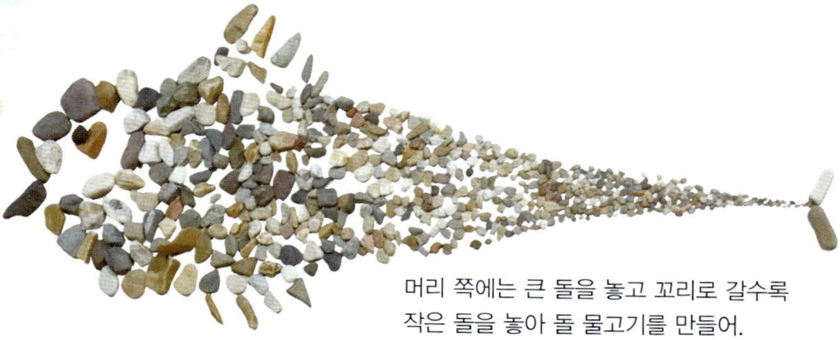

머리 쪽에는 큰 돌을 놓고 꼬리로 갈수록 작은 돌을 놓아 돌 물고기를 만들어. 알록달록 돌 비늘이 멋지지?

돌도끼를 만들어 볼까?

네모난 돌 하나를 골라 돌도끼를 만들어 봐.

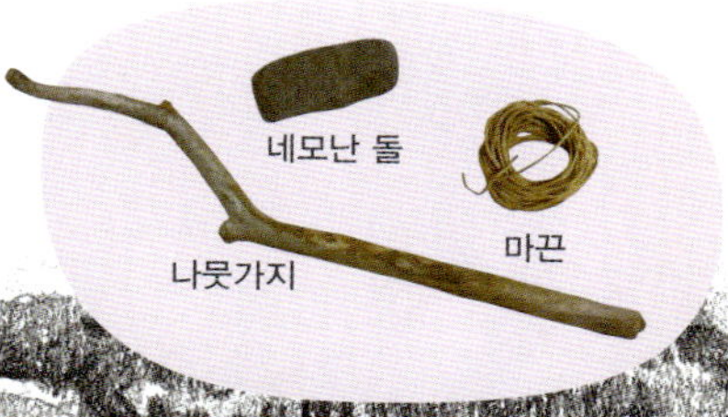

네모난 돌
나뭇가지
마끈

나뭇가지 한쪽 끝에 끈으로 돌을 묶으면 돌도끼 완성.

사계절 | 돌

석등

옛날엔 복을 들이고 나쁜 기운을 막으려고
마을 어귀에 돌탑을 쌓았대.
우리도 복이 오길 바라는 마음을 담아
돌탑과 석등을 쌓아 보자.

들에 나가 크고 작은 돌을 주워

물가나 빈터에 가서 여러 모양 돌을 찾아.
큰 건 아래에 깔고 위로 갈수록 점점 작아지게
쌓아야 하니까 여러 가지 크기로 모아.

깨진 기왓장이랑 둥글넓적한 돌, 모난 데 없이 깎인 돌,
한쪽이 납작한 돌, 모두모두 주워 모아.

기왓장 위에
돌을 담아
가자.

빵처럼
둥글둥글한 돌.

돌기둥을 쌓아 석등을 만들어

돌을 탑처럼 쌓아 석등을 만들 거야.
돌기둥 위에 크고 납작한 돌을 올리고
그 위에 큰 돌부터 하나씩 한 줄로 쌓으면 돼.

무너지지 않게 이 돌, 저 돌
올려 보면서 튼튼하게 쌓아.

큰 돌 위에 주워 온 돌 가운데
큰 것부터 하나씩 올려.

왈왈!

돌이 기울어지지
않게 큰 돌 사이에
작은 굄돌을 끼워.

초 넣을 자리를 남겨 두고
디귿 자 모양으로 돌기둥을 쌓아.

석등에 불을 밝혀

돌기둥이 잘 받쳐 주는지 살피고 흔들리면 다시 손봐.

요 자리에 큰 돌을 올릴 거야.
돌을 올릴 땐 손 찧지 않게 조심해.

마지막 돌은 내가 올릴래!

짠! 차곡차곡 돌탑을 쌓아 석등을 만들었어.

이제 촛불을 밝혀 볼까?

어스름한 저녁,
석등에 불을 밝혀 봐.
가만히 서서 불빛을 바라보면
마음까지 따뜻해질걸.

왈왈! 돌탑이랑 함께 집 지키니까 든든하다!

'가나다'로 찾아보기

가을꽃 장신구 **가을** 가을꽃 82
가을꽃으로 그린 동물 **가을** 가을꽃 80
가을배추, 가을무 **가을** 텃밭 86
감물 손수건 **여름** 열매 52
갯벌 관찰 **여름** 강 76
겨울 속에 숨은 봄 **겨울** 봄을 품은 겨울 138
겨울눈 찾기 **봄** 봄맞이 12
그림자로 그린 상상화 **여름** 이파리 64
글자 그림 **여름** 강 68
꽃과 풀로 그린 봄 **봄** 봄꽃·봄풀 26
꽃물로 그린 그림 **봄** 봄꽃·봄풀 24
꽃전 **봄** 봄꽃·봄나물 요리 22

나무 문패 **사계절** 마을 146
나무도깨비 **사계절** 숲 154
나무뿌리 놀잇감 **겨울** 겨울나무 118
나뭇잎 옷을 입은 종이인형 **가을** 나뭇잎 98
나뭇잎 장신구 **가을** 나뭇잎 102
나뭇잎으로 그린 그림 **가을** 나뭇잎 100
눈 케이크 **겨울** 눈 112
눈하르방 **겨울** 눈 114

다섯 손가락 인형 **봄** 봄꽃·봄풀 30
오방색 당의 **겨울** 새해맞이 134
덩굴줄기 그늘막 **여름** 여름 숲 58
돋보기로 그린 그림 **가을** 나뭇잎 96
돌로 만들기 **사계절** 돌멩이 162
돌멩이로 그린 그림 **사계절** 돌멩이 164
돌에 그린 그림 **사계절** 돌멩이 160
드림캐처 **겨울** 겨울나무 122
뗏목배 **여름** 강 74

마을 길에 그린 그림 **사계절** 마을 144
마을생태지도 **사계절** 마을 142
만다라 **봄** 봄꽃·봄풀 32
모래톱 놀이 **여름** 강 70
모래톱 도깨비 **여름** 강 72

바람나무 **가을** 억새 88
봄꽃 그리기 **봄** 봄맞이 14
봄나물 **봄** 봄꽃·봄나물 요리 18
봄나물, 꽃차 **봄** 봄꽃·봄나물 요리 20

봄비로 그린 물 그림 **봄** 봄맞이 16
봉숭아꽃물 **여름** 여름꽃·여름풀 44
붓글씨 **겨울** 새해맞이 128
빙고 놀이 **사계절** 숲 152

산골짜기에서 놀기 **여름** 여름 숲 54
새알을 품은 둥지 **가을** 억새 94
새집 **사계절** 마을 148
새해 소망 **겨울** 새해맞이 130
석등 **사계절** 돌멩이 166
성탄 장식 **겨울** 겨울나무 120
수박 놀이 **여름** 열매 46
숯으로 그린 그림 **겨울** 겨울나무 116

아까시나무 놀이 **여름** 여름꽃·여름풀 42
앵두 놀이 **여름** 열매 50
억새 공예품 **가을** 억새 92
억새로 그린 그림 **가을** 억새 90
얼음보석 **겨울** 봄을 품은 겨울 136
여름꽃 그림 **여름** 여름꽃·여름풀 38
열매로 그린 내 얼굴 **가을** 열매 106
열매로 만들기 **가을** 열매 104
열매즙으로 그린 그림 **여름** 열매 48
옥수수 인형 **가을** 텃밭 84
윷놀이 **겨울** 새해맞이 132
이파리 그림자놀이 **여름** 이파리 66
이파리로 그린 그림 **여름** 이파리 62
잎사귀로 꾸민 얼굴 **여름** 여름 숲 56

착시 놀이 **사계절** 마을 150
찰흙 소꿉놀이 **사계절** 흙 156
창 가리개 **가을** 열매 108

토끼풀꽃 장신구 **여름** 여름꽃·여름풀 40

풀로 그린 동물 **봄** 봄꽃·봄풀 28
풀물 손수건 **봄** 봄꽃·봄풀 34

한지 등 **겨울** 겨울나무 126
흔들개비 **겨울** 겨울나무 124
흙물감 **사계절** 흙 158
흙물로 그린 그림 **여름** 여름 숲 60

동식물로 찾아보기

갈대 74, 83, 88, 108, 109, 122, 128
감 52
감국 80, 81
감나무 80, 81, 92, 97, 99, 104, 105, 124, 143
강아지풀 66, 74, 88, 104, 121
개나리꽃 24
계곡산개구리 알 26
고구마 116
고둥 76
고비 80, 81, 114
고사리 29
고추나무 64, 65
공벌레 86
광대나물 18, 32, 34, 35
괭이밥 32, 33
구기자나무 104, 105
굴참나무 132, 143
꼬리치레도롱뇽 26
꿀풀 38

나문재 76
나팔꽃 106
남천나무 91, 114, 120, 138, 139
냉이 18, 21, 32, 34, 35
넓적콩게 76
느티나무 66

다슬기 40
단풍나무 64, 65, 91, 96, 98, 99, 152
달맞이꽃 106
담쟁이덩굴 80
대나무 29, 30, 58, 60, 64, 65, 92, 93, 143
도깨비바늘 138, 139
돌나물 18, 22
동백나무 12, 13, 14, 24, 30, 136
동양하루살이 40
두릅 20

란타나 38

마삭줄 120
매발톱꽃 38

매실나무(매화나무) 12, 13, 15, 28
머위 20, 143
목련 13
무화과나무 138, 139
미국자리공 142, 143
미나리 35
민들레 20, 106
민청가시덩굴 143

바랭이 105
밤나무 104, 105
방아풀 91
방울양배추 87
배추 22, 28, 86, 87
버즘나무 57
벚나무 20, 22, 33, 99, 145, 152
벼 142
병풀 21, 30
보리수나무 48
복숭아나무(복사꽃) 20, 21, 33
봄까치꽃 34
봉숭아 44, 45
부전나비 40
비파나무 138
뽕나무 22, 48, 62

산개구리 알 26
산수유나무 14, 15, 28, 30, 34, 35, 132
상수리나무 99, 132, 142, 143
소금쟁이 40
소나무 57, 64, 99, 120, 121, 124, 126, 148
소루쟁이 35
송사리 73
수박 46, 47
수수 120, 152
쉬리 54
쑥 18, 35, 62, 64, 65

아까시나무 42, 43, 143
애기똥풀 143
앵두나무 50, 51
양버즘나무 97

동식물로 찾아보기

억새 90, 91, 92, 93, 94, 137, 143
여뀌 74, 83, 88
오동나무 58, 80, 81
옥수수 84, 85
올챙이 56
왕고들빼기 62
우렁이 142
유채꽃 20
으름나무 57
은목서나무 91, 114
은행나무 12, 13, 62, 99, 124

자귀나무 98
적양배추 87
접시꽃 39
제비꽃 20, 22, 24, 29, 32
조팝나무 21
족제비싸리나무 64, 65
지렁이 86, 156
진달래꽃 22, 24
찔레나무 121, 124

참깨 152
참나물 20
청미래덩굴 42
층층나무 57
치자나무 39
칡나무 57, 58, 59, 80

코스모스 80, 81, 106

탱자나무 108, 109, 124, 125
토끼풀 40, 41

피마자 66

하늘수박 62
향나무 30, 31
호두나무 97
호랑나비 39
흰제비꽃 32, 33

작가 소개

오치근

시골에서 나고 자라서인지 숲과 들판, 강을 돌아다니며 노는 것을 좋아해요.
백석 시인이 쓴 동화시 열두 편을 만나 그림책에 그림을 그리기 시작했습니다.
지금은 섬진강과 지리산이 어우러진 구례 시골 마을에서 그림책을 만들며 살아요.
2013년부터 2019년까지 어린이 잡지 〈개똥이네 놀이터〉에 '별, 솔, 반이의 자연미술놀이'를
연재했습니다. 쓰고 그린 책으로 식구들이 같이 만든 《초록비 내리는 여행》,
《아빠랑 은별이랑 섬진강 그림여행》과 《아빠랑 은별이랑 지리산 그림여행》이 있어요.
그린 책으로 《오징어와 꼼복》, 《집게네 네 형제》, 《개구리네 한솥밥》, 《바보 도깨비와 나무꾼》,
《평화의 돌》, 《꿈이 자라는 나무》 들이 있습니다.

박나리

쭉 도시에서 살다 아이들을 키우면서부터 시골에서 살고 있어요. 아이들이 자라는 동안 함께한
'자연미술놀이'를 행복한 기억으로 간직하고 있지요. 죽은 가지에서도 새로운 생명을 탄생시키는
창의력과 예술의 힘이 아이들에게 있다는 걸 깨달았어요. 그래서 더욱 아이들을 사랑하게 되었답니다.
그린 책으로 《소금밭 딱새》, 《초록비 내리는 여행》이 있으며, 마을 사람들과 도서관 소식지
'그림으로 만나는 마을'을 만들고 있습니다.

은별, 은솔, 은반

엄마 아빠와 산, 들, 강에서 뛰어놀며 자랐어요. 동네 산책하면서 찾아낸 풀꽃, 나뭇잎,
작고 귀여운 돌멩이들의 소중함을 알고, 어디서든 자연미술놀이를 즐기는 아이들이지요.
'자연미술놀이'를 처음 연재할 때 초등학생이었던 은별이는 학교 밖에서 자유로운 공부를 하며
예술 활동을 할 준비를 하고 있어요. 아장아장 걸음마 할 때부터 언니, 오빠들 따라다녔던 은솔이는
요리, 바느질, 만들기처럼 손으로 하는 거라면 무엇이든 좋아하는 꼬마 예술가지요.
은반이는 엄마 뱃속에서부터 자연미술놀이를 해서인지 흙밭에서 뒹구는 걸 가장 좋아한답니다.

개똥이네 책방 44
언제 어디서나 자연미술놀이
사계절 내내 자연에서 하는 미술놀이 도감

2020년 6월 15일 1판 1쇄 펴냄 | 2024년 12월 24일 1판 6쇄 펴냄

글 그림 사진 오치근, 박나리
편집 김누리, 김로미, 이경희 | **교정** 김성재
디자인 최남주 | **제작** 심준엽 | **영업마케팅** 김현정, 심규완, 양병희 | **영업관리** 안명선
새사업부 조서연 | **경영지원실** 노명아, 신종호, 차수민
분해와 인쇄 (주)로얄 프로세스 | **제본** 과성제책

펴낸이 유문숙 | **펴낸 곳** (주)도서출판 보리 | **출판 등록** 1991년 8월 6일 제9-279호

주소 (10881) 경기도 파주시 직지길 492
전화 031-955-3535 | **전송** 031-950-9501
누리집 www.boribook.com | **전자우편** bori@boribook.com

ⓒ 오치근, 박나리, 2020

이 책의 내용을 쓰고자 할 때는, 저작권자와 출판사의 허락을 받아야 합니다.
잘못된 책은 바꾸어 드립니다.
값 25,000원

보리는 나무 한 그루를 베어 낼 가치가 있는지 생각하며 책을 만듭니다.

ISBN 979-11-6314-129-7 73400

이 도서의 국립중앙도서관 출판예정도서목록(CIP)은 서지정보유통지원시스템 홈페이지(http://seoji.nl.go.kr)와
국가자료종합목록 구축시스템(http://kolis-net.nl.go.kr)에서 이용하실 수 있습니다.
(CIP제어번호: CIP2020020997)

제품명 : 도서 제조자명 : (주)도서출판 보리 주소 : (10881) 경기도 파주시 직지길 492 전화번호 : (031) 955-3535
제조년월 : 2024년 12월 제조국 : 대한민국 사용연령 : 8세 이상 주의사항 : 책의 모서리가 날카로우니 다치지 않게 주의하세요.
KC 마크는 이 제품이 공통안전기준에 적합하였음을 의미합니다.